THE BENEFITS OF KISSA

喫茶の効用

飯塚めり
IIZUKA MERI

晶文社

ブックデザイン
アルビレオ

編集協力
林さやか
（編集室屋上）

初出『珈琲時間』（大誠社）2018年春号〜2021年冬号。
書籍化にあたり、大幅に加筆・修正した。

まえがき

喫茶店は、テンションの高い場所ではない。

喫茶店が流行りはじめて、テレビなどで紹介してほしい、という話があるときなど、だいたい、わかりやすく派手なポイントを求められる。ほかの流行りのスポットと同じように。

そもそも、「喫茶店が流行る」ということに、わたしは違和感があるけれど。

そういった切り口がいつもしっくりこないので、わたしなりに素敵に感じる点を、どうにかキャッチーに落とし込めないかをご提案してがんばるようにしている。渋すぎるのか、破談になることもわりとある。

そう、喫茶店は「渋い」場所だ。

たとえば、お茶の味は「渋い」と表現されることが多い。清涼飲料水のようにクッキリとした味が前面にあるというよりは、いくつかの味と香りがじんわりと集まっていて、ときには時間差で感じられる風味もあったりして、その体験全体が、そのお茶の「味」である。

喫茶店もその感じに似ている。入り口は踏み込むのに勇気が要るし、店内は薄暗く、インテリアは使い込まれて濃厚な味が出ている。店主さんは一筋縄ではいかない空気をまとい、メニューは流行りのものではなく、何十年も変わらないものが並ぶ。そして、ほかの場所で出会うよりも「枯れた」あるいはちょっと「異彩の」客たち。いまでこそ、すべてが「見映えがする」ものとしてあつかわれてしまうようになりつつあるが。

以前、茶室の本の編集を手伝ったことがある。建築家が茶室について語っている内容のなかで、心に残ったのは「捨象」という言葉だ。物事からひとつの特徴を分けて取り出す「抽象」作業の際に、それ以外の特徴を捨て去ること、という意味の言葉だが、その本では、お茶を愉しむために、ミニマルな空間づくりを心がけるという文脈で使われていた。喫茶を楽しむことについて、喫茶店という文化について、当時ミニコミを編んだりしていて、よく考えをめぐらせていたこともあって、強く印象に残った。

この、茶室における捨象という考え方は、喫茶店もまた、単に派手さや明るさに重点が置かれる場所ではないという、わたしの理屈にも合うと思っている。

さて、渋く、ひと癖ある場所に、なんでわざわざ通うのかというと、「落ち着く」からだ。

じわじわっとした飲みものをわざわざ飲むのと同じ。渋い味と香りに、ほっと働く「効用」のようなものがある。たとえば、気持ちをパッと入れ替えてくれるとか、泣きそうな気分をおさめてくれるとか、孤独な感覚を埋めてくれるなどといった。温泉のように、その効用は、お店によってちょっとずつ違う。

わたしにとって、いや、喫茶店を愛好する人たちには、喫茶店を、日々の味方につけるために使っている人も多いはずだ。それは、劇的に効くものではないけれど、いつの間にか元気を底上げしてくれる、ゆっくりと効くおくすりのようだ。

わたしは、内なる引き出しにたくさんのお店を持っておき、いざ出かけるときに、パパッと頭のなかで検索して、「これだ」という喫茶店を、己に処方するように選んでいる。滞在は一瞬だけれど、効用は数日続くこともある。

この本は、そんなわたしが日々をちょっとだけ上手に過ごすために、喫茶店を一服の魔法のように使う日常を綴ったものです。同時に、喫茶店のガイドブックとしても機能してほしいと願い、編みました。一つひとつのお話が「お悩み」を提示する形式になっていますので、気分や目的から「逆引き」のように喫茶店を探す書として、ご参考にしてみてください。

ではでは、喫茶店をおくすりとして使う、ちょっと変わったご本のはじまり、はじまり。

目次

＊本書で掲載したメニューのイラストは、取材時のものです。
＊現在は存在しないメニューや、リニューアルされているものもあります。

雨の日に気分を明るくしたい

眺めのいい、開放感のある喫茶店はいかが

雨の日に元気が出ない人が多い、という話は、学生のころは知らなかった。昔からモヤシっ子だったので、そもそも普段から元気いっぱい、という記憶はあまりないのだが、それでも一〇代のころなどは、いまと比較すれば体力が余っていたから、そんなこと気づきもしなかったのかもしれない。

雨と頭痛や体の不調が関係あるらしい、というのは、ここ一〇年ほどのあいだに、主にネットの力で広まった知識と思う。いまでは、季節の変わり目には当たり前のように、

SNSのタイムライン上でみんなが口々に、低気圧のせいで調子がよくない、と投稿していて、雨と不調の因果関係ってメジャーになったものだなぁと思う。

わたしの場合、季節の変わり目には、精神的には鈍く重く、停滞した感じになります。出かける準備もめんどくさくなってとてもいや。出かけるって、ただでさえ、エネルギーが必要な行為だ。雨靴を用意して、ボトムスも長すぎず、濡れてユウウツになるような素材ではないものを選ぶこと。傘は長いとどこかに忘れそうだし公共交通機関内では邪魔になるので、折り畳みだけど、頑丈なものを。そう、わたしは完全主義なのである。


そんな体も心も重たい雨の日に、率先して喫茶店に行こう、と思うようになったのは、いつのころだったか。たぶん、大学を卒業してからだと思う。学生の延長のような時期をだらだらと過ごしてしまい、ちゃんとした会社で働くようになったのは少し後で、そのころには、雨の日の喫茶店に引き寄せられるようになっていた。

ありあまった青年の元気が少しずつ減ってきて、職場という緊張感ある場所へ出向くようになり、それまで以上にオンとオフを欲するようになっていたのかもしれません。

最初に、雨の日に居心地がいい、と気が付いたお店は、神保町のスターバックス（現在は閉店)。靖国通りと錦華《きんか》通りが合流する交差点にあったそのお店は、天井まである窓が交差点側の全面に設置されているので、往来が自然と視界に入ってくる。人の群れを眺めることのふんわりした快感も、このころに知った。自分は見ているけれど、向こうからは見られていない。正確には、「景色の一部」のように認識されているだけ。なんて気持ちいい。交差点には、いろいろな人が行き交う。自分の感情や置かれている事態と関係なく、人々のなにげない日々の活動を俯瞰する。それだけで、おどろくほど心が穏やかに、静かになっていくのだ。

ここに「雨の日」というシチュエーションが加わると、自分がいる「喫茶店」という場所の「シェルター」感がさらに高まる。雨天の、気圧の低い世界の中に浮かぶ、あたたかくて護られた場所にいるわたし。コーヒーのあたたかさも、ケーキの甘さも、店員さんのやさしさも、深いところに沁みこんでくる。

このスターバックスによく通っていたころは、出社前の景気づけに、店内で一服して、そのままテイクアウトをしていたものだった。きょうこれからの仕事や職場の雰囲気を思うとブルーで、その前に、開放感ある洒落た空間でキリッとキメていきたかったんだと思う。そうしているうちに、雨の日と重なっても、特定のシチュエーションがそろう喫茶店に足を運ぶと、不思議と盛り上がっている自分に気がつくことになった。

雨の日に気持ちのいいお店の条件はいくつかある。窓が大きい、または高いところにお店があって眺望がよいこと。大通りなどに面していて、往来を眺められること。

銀座の「カフェ きょうぶんかん」は歴史ある書店・教文館ビルの四階にあり、とても見晴らしのよいお店だ。窓辺のカウンター席が特等席で、いちばん先に埋まっていく。まるで電線にひしめくスズメたちのように、窓辺に鈴なりになったお客さんたち。おさえたトーンで茶話を楽しむ人。書店で購入したたくさんの本をさっそく取り出して貪り読みはじめる人もいる。座ってみれば自分もまた、銀座通りを見下ろす鳥になったかのような眺め。コーヒーは深くて、素朴な味のお菓子にとってもあう。雨の日には、眼下の往来の、色とりどりの傘も花が咲いたようでパッと心が明るくなっていくのだった。

クリーム色の漆喰壁とダークな木材の床や家具のコントラストには清楚な美しさがあり、明るい空間ながらも気品ある雰囲気をつくっていて、雨の日のメロウな気分を、静かに盛り上げてくれる。

雨模様の日はお気に入りの本を鞄に入れて、一服しに出かけてみるのは、いかが。

銀座

窓辺のカウンターが特等席
Café きょうぶんかん

やさしく穏やかな雰囲気の内装は、隣の店舗「エインカレム」とあわせてデザインしたものだそうですが、窓からの眺めはスタッフさん曰く「プレゼント」で、思った以上のものだったそう。もみの木型ケーキ「タンネちゃん」や「ばらの花のケーキ」など、ケーキ類はどこかメルヘンを感じる名前と見た目で、内省的な時間のおともにぴったり。素朴な味と食感はなつかしく、コーヒーと読書がすすみます。

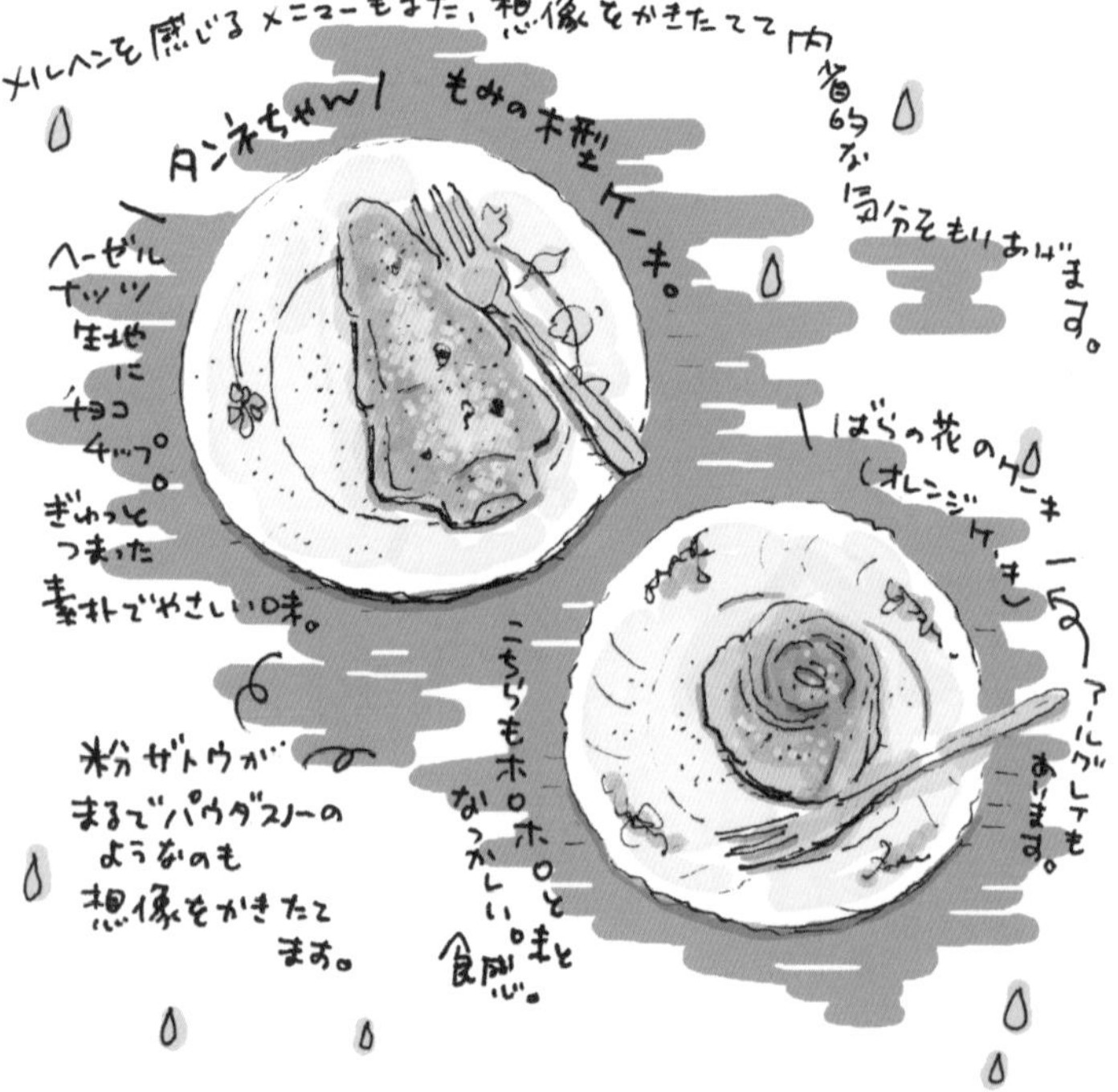
メルヘンを感じるメニューもまた、想像をかきたてて内省的な自分をもりあげます。
タンネちゃん！ もみの木型ケーキ。
ヘーゼルナッツ生地にチョコチップ。
ぎゅっとつまった素朴でやさしい味。
粉ザトウがまるでパウダースノーのようなのも想像をかきたてます。
ばらの花のケーキ（オレンジケーキ）
アールグレイもあります。
こちらもホロホロとなつかしい味と食感。

雨の日に気分を明るくしたい

眺めのよい窓際のカウンター席から埋まってゆきます。
ほかのお店ではあまり見ない光景。
筆者がお気に入りの左ハシのカウンター席
※お客さんや店員さんは「ねこ」でお送りします。
雨の日にはあえて行きたくなるタイプのお店があります。
銀座通りを眺めながらのコーヒーはどうですか!
オツなことをおっしゃいますなあ…
窓際の
積極的にカウンター席についてみるさま
くぴぷ…
電線にとまった鳥の気分です…
ウットリ。
ホットカフェオーレ
雨の日にはコレです。
雨の日には脳の奥深くまでしみるような…
そしてホッとあたたまる。
窓からの眺め
銀座
CAFÉ
きょうぶんかん
雨の日には色とりどりのカサがまた、いい感じです。

明大通りを眺めての読書はいかが
Cafe HINATA-YA（ヒナタ屋）

神保町／御茶の水
Cafe HINATA-YA
カレーとコーヒーと読書の
マリアージュ!!!
に「眺めのよさ」付き。
パパダ
ハフハフスパイシーで手が止まらなくなるウマさなのです!

おうちカレー的な喫茶店カレーもよいけれど、ハフハフとスポーツのようにカレーを食したい日もあるのです。こちらのカレーは疲れに効くようなさらさらスパイシーなエスニック風。

坂の中腹にある建物ということで、どこか宙に浮いているような感覚を覚える不思議な眺望です。お店に向かうための手動式エレベーターは異空間へ誘う装置のようで、これまたテンションを上げてくれるはず。

駒沢大学

adito

最上階の開放感はごちそうのよう

駒沢大学
adito
カウンター席の前にはびっちり文庫本
大きな窓
奥行きあるしっかりカウンター

中二階も含めた各フロアごとに趣があるのですが、なんといっても大きな窓に囲まれた二階（最上階）がお気に入り。自然光がたっぷり入るため、晴天の日はもちろん、雨天でもすぐそばに雨を感じられるような贅沢な喫茶空間です。カウンター席の前に本棚があるところもポイントで、時を忘れて過ごしてほしいという配慮から、あえて流行を追う本ではなく、なつかしさや趣味性のある本を選んでいるそう。

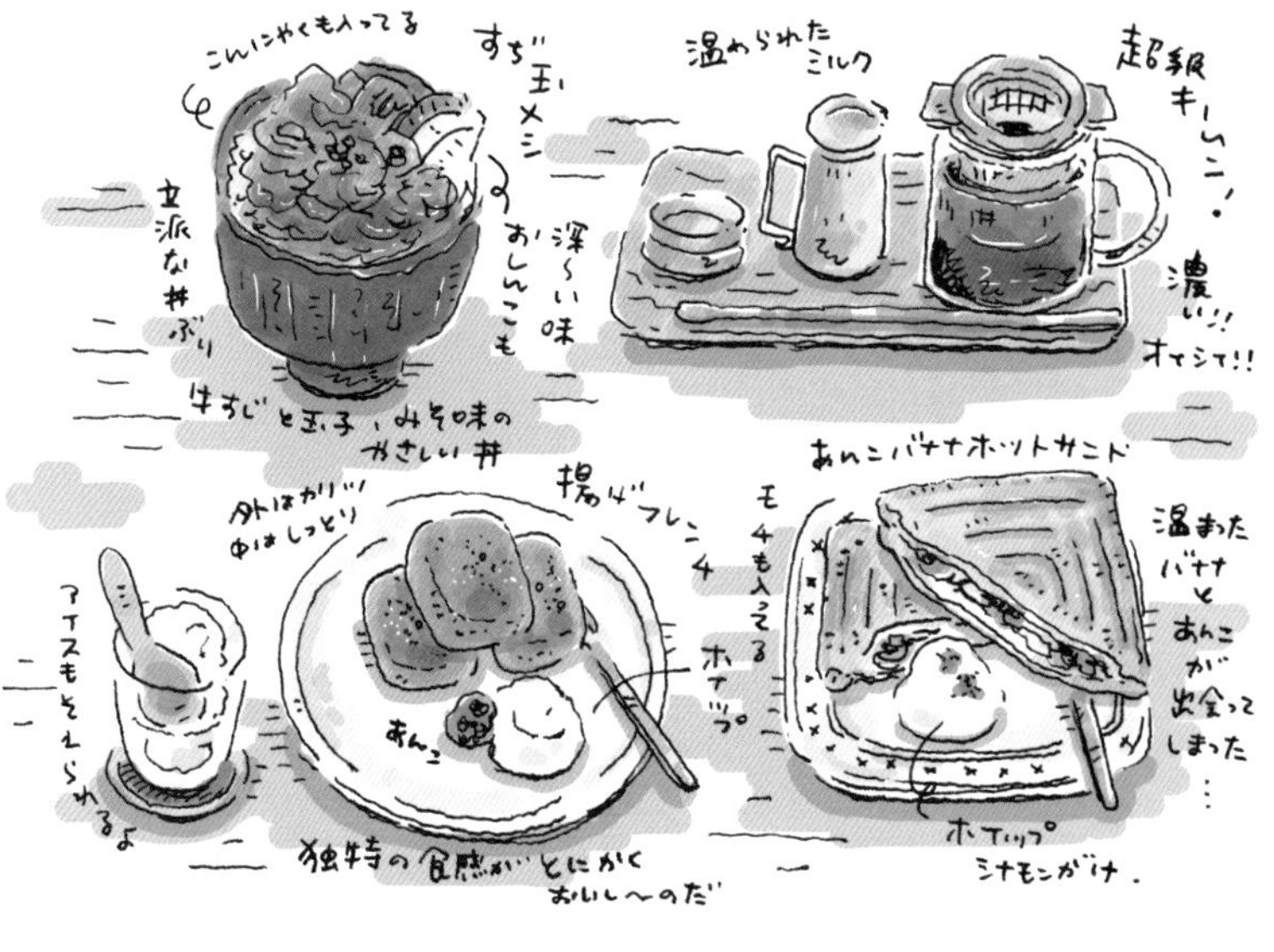
こんにゃくも入ってる
すじ玉メシ
立派な丼ぶり
深〜い味
おしんこも
牛すじと玉子、みそ味のやさしい丼
温められたミルク
濃い!!
オイシイ!!
あんこバナナホットサンド
温まったバナナとあんこが出会ってしまった…
ホイップ
シナモンがけ。
揚げフレンチ
外はカリッ 中はしっとり
ホイップ
あんこ
アイスもそえられるよ
独特の食感がとにかくおいし〜のだ

COLUMN

雨の日に負けないための服や小物のはなし

自動開閉のカサなら…
テイクアウトドリンクを持っていても安心!
To Go!

雨の日はユウウツ。でも、それに備えた身支度を考えるのは、けっこう楽しい。雨の日に、コーヒーを飲みに行くからこその準備だって、あるのです。

たとえば、傘にこだわりたい。傘を持ったままテイクアウト、大変じゃないでしょうか。傘の開閉の動作で飲みものの中身がこぼれてしまったり、都度、地面にカップを置くのはスマートじゃない。そんなとき、傘が「自動開閉」だととってもらくちんなのです。

ユウウツなことを、「ならではのお楽しみ」に変えようとすることもまた、日々を上手に生きるコツとは思いつつ……うまくやれないときもあります。そのためにも、喫茶店を味方につけるのでした(何重にも策を講じてしまう性分よ……)。

絶妙にキリリとして甘くなりすぎない
上にスウェットなどを重ねても
とっても気に入っているIam I infact…のデニムOP
そういうスカートのように見せられてGoodなのだ

晴雨兼用×自動開閉傘!!
なんと言っても
BeamsのVERYKALというカサ。
自動開閉で世界最軽量とのこと!!!
さわやかなイエローを。
スウェーデンのHAPPY SWEEDSというメーカーのもの。
吉祥寺のザッカ店でひと目ぼれ
(…しつつ何ヵ月か悩んだ)

長ぐつタイプも気になりますが…
レインブーツはサイドゴアのRAINFUBSという革にソックリなゴムのもの。
OR
旅や雪の日にも安心!
10年以上はいているL.L.Beanの「ビーンブーツ」
ちがう丈とか欲しいデス
長持ち!

都会の真ん中でも旅気分を味わいたい

現実離れしたムードのある喫茶店でショートトリップはいかが

旅をすると、普段の生活とはガラッと違う風景や体験によって、日常から遠く離れているような気持ちになり、それが心身のリフレッシュにつながる。けれど、忙殺される日々にあると、残念ながら旅するためのまとまった時間を捻出できないことだってしばしば。そんな時、ランチや仕事にかこつけて、やっぱりわたしは喫茶店に行く。

喫茶店で一服することとは、華やかな時間、というよりは「やさしい逃避」だと思う。

世の中には、夏の海とか、繁華街で友人たちと遊ぶとか（そもそも「遊ぶ」ってなんなのでしょうね？）、まぶしいような、弾けるような場所や体験があって、でもわたしにとってそれらは、ノイジーすぎるものだった。子どものころからそんな傾向があったので、レジャーに繰り出すことも、テーマパークに行くことにもあまり興味がなく、それを無理してやってみた日にはぐったりして悪夢にうなされたりしていた。中高生のころは、いまのように、自分にしっくりくる環境を確立できておらず、人と同じじゃないことに不安感をもっていたので、いろいろ試していたのだ。

おそらく当初は、あわない「遊び」の合間に、ほっと息をつくためにひとり喫茶店に入っていたのだと思う。もともと、祖父が喫茶店をやっていたので知らないジャンルの場所ではなく、扉をくぐることに抵抗がなかったから。

喫茶店は、いまでこそちょっと若者のおしゃれな趣味のようになりつつあるのですが、わたしが学生のころは、かなり〝枯れた場所〟だった。激渋空間には、シニアのみなさんや仕事に疲れたビジネスマンのおじさんしかいなかったりして、元気なガールは足を踏み入れなかったのだ（もちろん、わたしに似た傾向の青年たちはいたはずですが）。

明るすぎない適度な照明や、さりげなくしっとりとした音楽、店員さんのほどよい距離感、適量かつ昔ながらの定番メニューが心地よかった。

それに、文化系の青年にとって、喫茶店やコーヒー／紅茶には、〝物語に登場する場所やアイテム〟……というあこがれの対象となる強烈な属性があった。小説や漫画、映画やドラマ……喫茶店はちょっとした場面で登場し、コーヒーや紅茶は大人のたしなみ、という印象を残したもの。コーヒーミルやカウンター、ティーコゼーやスコーンなど、付随するモノたちも、もちろんあこがれの対象だ。

ということで、学生のわたしは、喫茶店という場所こそが自分の居場所なんだ、とじわじわ思っていくことになった。


喫茶店での体験は、一般的に、華やかなものではないけれど、「トリップ」感があると思う。少し〝現実離れした〟情緒がある。

それはたとえば、長年使い続けて味の出たインテリアや調度品であったり、昭和の時代を思わせる洋食ごはんやデザートであったり。メニュー表や店内掲示にある〝クセのある〟文字情報に、店主さんの頭の中にある世界が繰り広げられている感じも、そのお店ならではの現実離れ感があったりする。

喫茶店には、しばしば「異国への憧れ」が漂っていることも多い。まだ海外旅行も気軽ではない戦後すぐにできたお店などは、ステンドグラスがあしらわれていたり、鎧が飾ってあったりなど、お城のような、ちょっと大げさなくらいのヨーロピアンな風情を出すところもある。当時の人たちのイマジネーションによる異国観が、とっても味わい深い。

阿佐ヶ谷「gion《ギオン》」はこってりと濃厚な内装が魅力のお店。キラキラのネオン、カラフルな壁、生花やロマンチックな小物であふれる空間。こんなにも独特なのに、不思議なほど落ち着けるのは、そこに一貫した「世界観」があるから。店主さんの中にあった好きなお店、好きなモノたちへのリスペクトが散りばめられて、ひとつの世界、ひとつの物語が息づいている。

物語を感じる「体験」は旅と相似している。非日常へとどっぷり浸ることで、いつもよりも濃い密度の時間が流れて、お店を出るころには、小旅行に行ったかのように、気分を入れ替えることができるのだ。

コーヒー一杯で、あるいはランチのひと時に、やさしくもディープな、ショートトリップに出かけたい。

阿佐ヶ谷

gion
濃厚な世界観の内装にどっぷりと浸る

お店の平面図は店主さんが描き、ブランコの席やネオン、段差のある空間といった要素もまた、それぞれ店主さんがかつて憧れたお店をヒントにして取り入れたとのこと。

ブランコの席はゆらゆら揺れて楽しく（でも食事をいただくのには支障なし）、ふたりで座るのはもちろん、ひとりでも空想に浸れておすすめです。

さらに、目を引くキュートな制服も店主さんによるデザインというのだからおどろき。

制服もソーキュートなのだ
制服
こちらも店主さんによるデザイン(!)

そのた
ムードを演出する
かわいいものたち。
灯りはそれぞれロマンチックなデザイン。
生花と
花のモチーフの小物とのコラボレーション。

都会の真ん中でも旅気分を味わいたい

名物・ブランコの席
ただでさえドリーミーな空間で
さらにフワフワ感が加速する。
ひとりでもふたりでも。

段差があちこちにあり、お客さん同士の目線があわない。
立体感でより広く感じる効果も…
阿佐ヶ谷
ギオン
Gion
メルヘンなインテリア、生花、造花たち、
キラキラネオンであふれるディープ世界観！
からしマヨが効いてうま〜い
ハムとフレッシュなレタスとからしマヨ
ハムサンド
ハムトーストもあるがボリュームありそうな、ということでこちらをチョイス。
オレンジ
コーヒーフロート
飲みたい飲みものは何でもフロートにできる
アイスが2玉入って暑い日にうれしい。
コーヒーは甘みつき。しっかりめの味。(ナシもえらべる)
クリームをうかべると三層になる!!
店主さんオススメ

ヨーロッパのアンティークに囲まれて一服

Majorelle Cafe

店内のシャンデリアや家具、カトラリーなどはすべて、ヨーロッパのアンティーク。販売もしています。深煎りのドリップ珈琲や、ちょっとしたフレンチレストランのような味と盛り付けのメニューたち、かわいすぎず日常使いしやすい店内の雰囲気もまた、本場の風情。アンティークショップを営む店主さんによる、海外での買い付けで養われた感覚が反映されているのです。

三軒茶屋
Majorelle
マジョレル カフェ

シャンデリア
販売されている
ミント
星型クッキー
くるみ
クリーム
ベリー
アンティーク家具に囲まれて異国情緒
小ぶりだけど食べ応えアリ!
プリンはみっちりつまってかたい!
エッフェル塔の形のシロップ入れ
メニューも本場感があるのダ
アイスカフェオレ
コーヒーが深いりでおいしい!
ドライトマトとオリーブ
ズッキーニなど
甘辛くておいしい
おかず系マフィン
小さいけどちょっとした料理みたい!

新馬場

「旅」がテーマのブックカフェ KAIDO books & coffee

新馬場
KAIDO
books&coffee
古本屋とキッサ

商店街のみなさんは声かけがあたたかい。
おかえりー

シカ肉のホットドッグ
日本でいちばん星がキレイという長野の村のシカさんだそうです。

すっきりオイシイ
アイスコーヒーガテマラ
鎌倉の石かわ珈琲のもの

なんといっても、東海道の第一の宿場、旧品川宿の街道沿いという立地が、旅気分を盛り上げます。このごろは街道歩きをする人たちが「茶屋」感覚で多く訪れるそう。店内には旅をテーマとした古書が集まっていて、ぱらぱら眺めれば、歴史ロマンへと思いを馳せることができます。

さまざまな土地にまつわる「物語ある」メニューもまた、どこか遠くへ行きたい気分をかき立てます。

COLUMN

トリップはトリップでも リアル旅《トリップ》のはなし

これは「リアル旅」のかっこうです。
たためる帽子
こうなる
THE NORTH FACEのもの。
アウターは腰に巻いてワンポイント兼かさばり防止に
マリメッコの大きいBag ずっとお気に入りです。

喫茶店が好きな人に、旅行が嫌いな人はいないんじゃないかと思います。日常から逃避できるということ、いつもと違う環境を味わえるということ。

会社勤めをしていたころ、仕事終わりにそのまま旅路につくことに夢中でした。金曜の夜の特急やレイトチェックインの宿を予約して、ちょっとだけ大きめのかばんで出社して……。そんな流れで立ち寄った夜の電車や駅は、いつもと違う表情でどきどきしたなあ。

パリへの旅は、本場カフェ文化を味わう、いい経験になりました。国が変わってもわくわくする朝食《プチデジュネー》や、トロリと濃厚なショコラショー、駅カフェで食べたジャンボンブール。老若男女が気取らずくつろぐようすがすばらしかったなぁ。

外勤のころは 仕事終わりに(金夜)
そのまま 前泊→旅…をするのがスキでした。
アレッ
今日も荷物大きいね?
ニャニャ
ええまっ…
20じちょうどのあずさだよ!!!
ヒョ
アウトドアのアウター。高原や山に行くので。
中央線だけの駅弁
Paris パリにて…
フンパツしたグローブトロッター
ただのアイスクリームをたのんだつもりが、クリームもりもりのこんなのが…出てきてうれしかった思い出…。
こういうクリームとアイスだけのパフェとかあまりないので…
本場のジャンボン・ブール(ハムバターサンド)が…おいしくて
帰国後に PAULとか
ドトールのミラノサンド(A)だって
ぜんぶスキになったのだった

とにかく「ひとり」になりたい

ビジネス街の「オアシス」のような喫茶店はいかが

「匿名になりたい」願望が強い。お店の人に、個として認識されたくない。ほかのお客さんにも、意識されたくない。外出すると、こんな気分がわたしを強く支配する。

たとえば、家にいるときのわたし。喫茶店の仕事をするわたし。会社にいるときのわたし。それぞれ、関係性のなかにあって存在するもので、わたしはこういう立場の者である、という感覚が自分を支え、動かし、元気にしてくれるものでもある……のだけれど、ときどき、それらから距離を置いてみる時間はやっぱり、必要だなと思う。

それが、わたしの場合は喫茶の時間。ほかとの関係が何もない場所で、匿名の、曖昧な、からっぽのわたしになる。透明人間になっている、とすら思っている。ふわ〜っと肩の力が抜ける。喫茶店の環境も、メニューも、のびのびおいしく味わえる。こういう時間を挟むおかげで、ほかの場面での、社会性あるわたしがしゃっきりがんばれる、というのもあるのではないか。

ただ、どんなお店でも、匿名になれるわけではないのがむずかしいところ。店員さんがだんだんこちらを認識してくれて、サービスが変わってきてしまうお店があるけれど、そういうところでは、もちろん匿名にはなれない。お会計時などに「いつもありがとうございます!!」と言われてしまった日には、「ほとぼり」が冷めるまで当分距離を置こうとさえ思ってしまう。孤独という快適さを最適化したいがために、〝お店の距離感〟によってそこへ通う頻度を調整することすらしている。

また、SNSで流行ってしまっているお店は、なんとなく、お客さんのお互いがお互いを意識している度合いが高い気がしていて苦手だ。根本的に、見る／見られることを気にする人が多く来ているというか。投稿のコメント欄などで、カフェ巡りのアカウントたちが「今日は会えてうれしかったですね」などとやりとりしているのを発見してしまうと、なんだか怖くなってきてしまう。かくなるわたしも、近い席でソワソワと飲み物や内装の写真を撮っていたあの人は、もしかしてどこかのアカウントなのでは……と帰宅後に探してしまうこともある（見つけるとちょっとうれしい。もちろん胸の中にしまいますが）。こういう流行り方をしているかどうかは、インスタグラム内で検索するととてもわかりやすいのでご参考までに。

わたしの経験則では、都会のにぎわったところに立地していて、古いお店で、周辺で働くお客さんが日常使いしている（観光のように来ているお客さんの比率が少ない）お店だと、匿名になりやすいと感じている。

たとえば、喫茶店はオアシスである……というのは、少し使い古された表現かもしれないけれど、そのことをいつもよりも強く覚えるのは、ビジネス街をさまよっているとき。

繁華街や住宅街とは違う、クールで硬い印象のビルがどこまでも立ち並ぶなか、フッとあらわれる「喫茶」「コーヒー」の文字。そこから漏れる、あたたかな光。まさに「オアシスにたどり着いた」という気持ちを呼び起こす。

新橋や東京駅近辺の喫茶店の客層は、「ザ・ビジネスマン」といった方々が主。グレーのスーツ（青や茶系はほとんどいない）を身にまとい、落ち着いたトーンの声で仕事の話をしている（これが、渋谷近辺で働く人たちだともう少し高い声と速いテンポのビジネストークとなったりするので、落ち着き度がだいぶ違って、おもしろい）。

このように、〝超日常遣い〟のお客さんだけがギッシリと羽を休めている……という状況に、強烈に「オアシス」を感じる。たどり着いたわたしにとってもオアシスだけれど、ここは彼らが日々をたたかうためのオアシスなのだ。

そんなザ・ビジネスマンな方々が、ひとり新聞を読んだり、もくもくとコーヒーを飲み、ランチをかきこむ姿は、ビジネス街の「様式美」という趣き（ランチはオムライスやチキンライスといった洋食っぽいものが多く、スプーンで食べるスタイルで、福神漬けなどおしんこが添えられていることが多い。だから、「かきこむ」ことになる）。

そんな中に身を置いてみると、まさに、自分が誰でもないような気分になり、心が静かになっていくのを感じるのだ。店内が混んでいたとしても、不思議とそれが心地よく、匿名になった感覚を味わえる。群れの中に身を置く「ワンオブゼム」のわたしになることで、ふだんよりものびのびと過ごせるはず。

喫茶店は、都会の真ん中で、あえて「羽をのばせる」場所なのだ。

新橋

COFFEE フジ

新旧の細やかなサービスもうれしい

行ってみよう!!

ディープたのしいゾ!!!
ニュー新橋ビル
あみあみした外観でおなじみ。

店内には、オリジナルうちわのサービスや、ご自由にとのコメント付きのUSB対応のコンセントがあったりと、ビジネス街の喫茶店らしいサービスを随所に見つけられます。

初代店主さん（現在は三代目とのこと）が富士宮出身ということで、店内に富士山の写真が飾られているとのこと。メニューに「富士宮やきそば」があることにも納得。

オリジナルうちわ。
COFFEE
fuji

サロンのような広々空間。
テレビ
富士山の写真ドバーンと
奥までビジネスマンの方々が重なって見える光景
商談
書類
食事をしながらビジネストーク。
声の反響のかげんがほどよくていやし効果を感じるのだった…
営業風のおふたり。
ねてる
パソコン
思わずたのんでしまった
こまごましたお肉が入っている（富士宮やきそばの特徴）
富士宮やきそば
紅ショウガ
わりばし！
COFFEE
新橋
フジ
オリジナルカップ
コーヒー
淡いブルーのなつかし肉厚カップ
おいしい味。
富士山のマーク
COFFEE Fuji
富士宮やきそばの小さなハタ
coffee
ショーケース

日本橋

大らかな雰囲気の駅前サロン

TOYO

広々として「サロン」感あり。ケーキなどのデザートも充実していて、ビジネスマンの方々だけでなく、女性の集団も多め。適度なザワザワ感が心地よく、キビキビとしつつもあたたかな店員さんたちにも心洗われます。

がっつりボリュームがいかにもビジネス街らしい洋食メニューは、二階で注文可能。名物はオリジナルのオムライス「ドイツ風ライス」。

ティーラテ。

タルトフロマージュ
タルト生地がしっかり固くてオイシイ

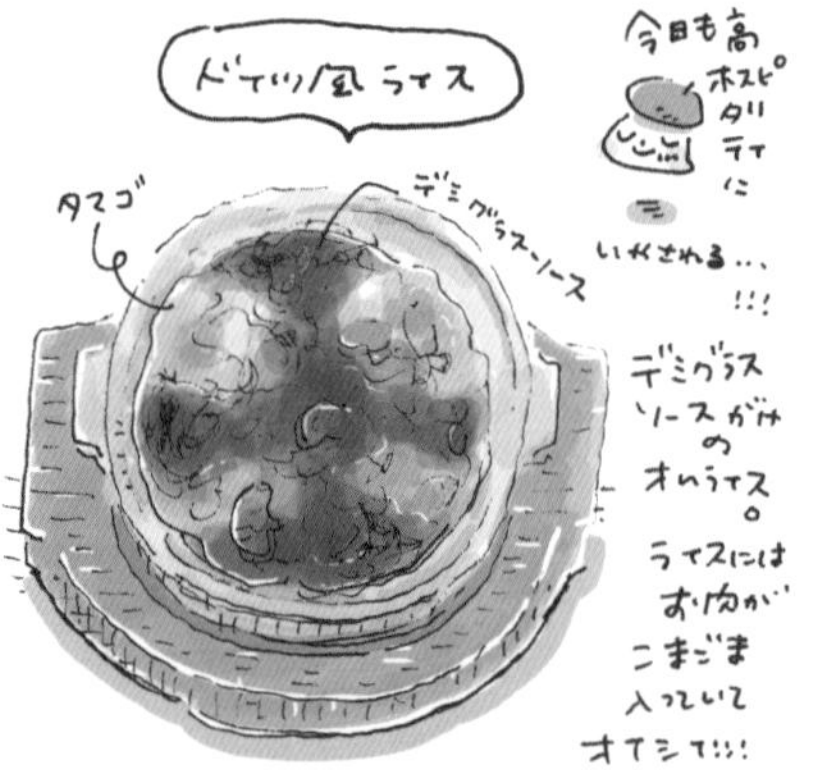
ドイツ風ライス
タマゴ
デミグラスソース
今日も高ホスピタリティにいやされる…!!!
デミグラスソースがけのオムライス。ライスにはお肉がこまごま入っていてオイシイ!!!

店員さんがたのジェントルさにも心いやされます。
ニコッ
目が合うとほほえんでくださる
別の席に水をはこぶ途中
日本橋
CONFECTIONERY TOYO CAFE TERRACE
スケッチのために
制服もカクニンしようとして
店員さんを軽く目で追っていたの

虎ノ門

草枕

静寂の珈琲オアシス

それはまるでオアシスでの一杯のような…
冷たい牛乳珈琲。

仕事終わりのビジネスマンの背中に「草枕」のような気持ちを勝手におぼえる夕方…
本がずら〜り
図書室のように通って読み進めたい…
ちょっとずつ
草枕
虎ノ門

ほどよい暗さと静かに流れるレコード、それぞれの席をふんわり仕切る衝立て。目の高さに、自然に並ぶ本棚。コーヒーにもケーキにも、まさに「向き合う」感じで過ごせる節制された空間です。孤独を心地よく感じることができる、都会のオアシス。一杯がじんわりしみて、デスクで戦った疲れをいやしてくれます。蔵書をちょこちょこと読み進めるために通うのも素敵かもしれません。

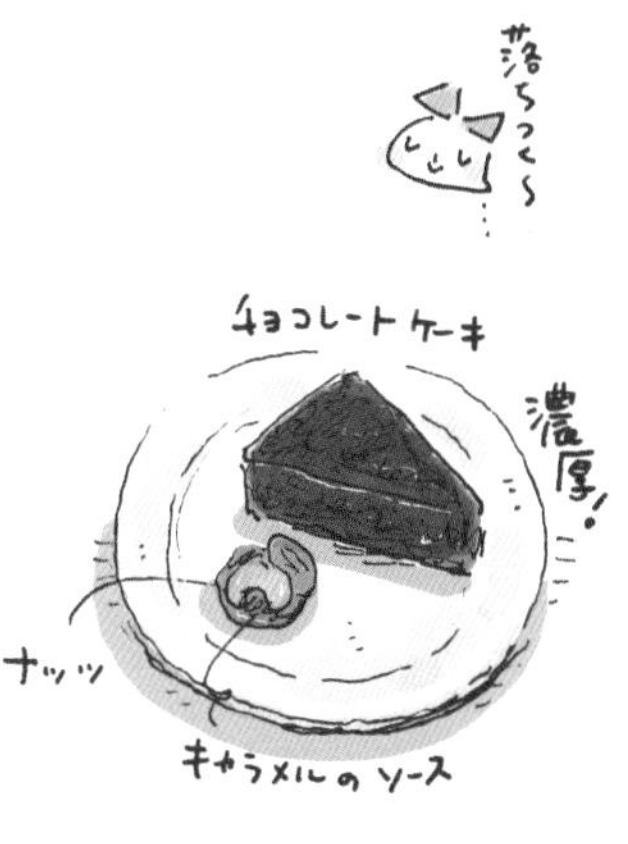
落ちつく〜…
チョコレートケーキ
濃厚!
ナッツ
キャラメルのソース

COLUMN

街にとけこむところから喫茶ははじまっているのだ

ビジネス街ルックを目指して。
ジャケットとブラウス しっかりめのスカート など…
ヒールの靴も持っていないの
しかし出版業界でのおつとめとフリーランス経験だけなのでコスプレでしかないのであった…

そのお店を深く知るために、その街で生活している人の気分で通いたい。まずはファッションからでも近くで働いている人のようになってみる。オフィス街で働く人っぽいルックは、ふだんのわたしはしないもの。ずっと出版関係だったのでスーツを着ることがなく（ジャンルによってはスーツを着ることもあると思いますが）、むしろラフな格好が多かったのです。自分のクローゼットから、「それっぽい」ものをなんとなく組み合わせてみることは、とてもおもしろい。

そこまで完璧に「擬態」できなくたっていいのです。たぶん、地元民じゃないことはわかってしまうのでしょうし。楽しんでみようよ、ということですね。

一応 街に合わせて
スタイリングしてる
フシがあります。
（そういうホドでもないが…
髪のスタイリング能力ゼロなので…ゆりといつも同じ髪型デス…
銀座
少しアクセサリー
ちょっとだけスッとしたラインのスカート
同じカバンでも背負い方を変えたり
下北沢
Aラインめのop.
keenのサンダル
『ねないこだれだ』キャップ。
←オバケ部分がししゅう!!
「絵本ナビ」という絵本グッズのサイトで購入。
装いで時計を変える楽しみもあるのですが…
スマートウォッチもいいなと思うこのごろ…
シャンパンゴールドっぽいのがいいな〜…
「三井ビルのど自慢大会」を見に行ったときは
"新宿のオフィス勤め帰り"風をよそおったものよ…
（本当は家で仕事してから出てきた）
西新宿
ジャケット肩かけ
少しだけキレイめOP. ワンピース
ワー ワー
実際、西新宿で働いていたことがあるのでそんなにズレてない…と思う…
高円寺
古着っぽい大ぶりの花柄のチャイナワンピース。

朝から気分が上がりません

まずモーニングから一日をはじめてみるのはいかが

元気がない朝。混雑する電車や駅での「圧」に負けてしまいそうで外に出る気力が起こらないし、家にいてもだらだらと過ごしてしまいそうな。学生のころ、午後から授業という日は、ソファの上で溶けるように時間を経過させてしまい、自分はダメ人間では……と戦慄したものだし、フリーランスとして在宅で仕事をやっていくぜ、という日々でも、こんな朝を迎えた日は、そのまま一日を終了させてしまいそうで危険なのだ。

そんなときは思い切って、まず喫茶店に行ってから、一日をはじめてみる。

ポジティブというほどでもなく、でも適度にフラットな目的としての「喫茶店に行く」という行動。まずは喫茶店に身を置いてから、きょう何をすべきか考えればいい。

喫茶店に行くためにだって、よそ行きの準備が必要になる。服を選ばないといけないし、顔も髪も整えなければ。でも、喫茶店は「ゆるい」場所なので、そこまで完璧な準備をしなくて、ぜんぜんいいんです。最低限の外に出られる格好に整えたら、それだけでちょっと自分のことを偉い、と感じられるはず。

そうして家の外に出て、日の光を浴びながら歩き、公共交通機関に乗りこむと、じわじわとエネルギーが外向きに変わっていく。家の中で悶々と膨らませていた不安や恐れは縮んでいき、ヘルシーな自分を感じて、さらに気持ちが上がっていく。目的地である喫茶店が見えてくると、「たどり着いた」感がものすごい。すでにちょっとうきうきである。

店内に入れば、そこはちょっとだけ社会。でも、多くの喫茶店員さんは適度に放っておいてくれるので、これをわたしは「赦し《ゆる》」と受けとめている。

喫茶店のよさのひとつに「何もしなくていいところ」がある。家の外で、こんな場所は今どきなかなかない。本屋さんぐらいかな。これも失われゆく場所ですが。つまり、メニューは頼むし、それを味わったりもするけれど、その間、ぶらぶらと過ごしてＯＫなのだ。何かやらなきゃと気負わなくていい。強いられもしない。だから、みんな、思い思いに過ごす。喫茶店という場の呼吸のしやすさの秘密だと思う。

店内の人々もまた、お互いがお互いをゆるしているように感じる。都会の冷たい無関心とは違った、存在を認めているけれど、広く放っておいてくれているような。週刊誌をだらだら読む姿、カウンターで静かにコーヒーを味わう姿。その自由で穏やかな営みが、さらにわたしを「これでいいんだ」という気にさせてくれる……。〝聖域《アジール》〟が、深いところからわたしをグッと持ち上げてくれる。

注文が提供されてから、一杯のコーヒーを飲み終わるまでの時間を、わたしはスーパーマリオの「無敵モード」のようにとらえていて、この一杯を飲み終えるまで無敵なのだ、という気分で満たされる。

朝の喫茶店のみずみずしい雰囲気も特筆すべきこと。午前中の光はまぶしくもやわらかで、ＢＧＭもフレッシュに感じられる。そして、なんといっても「モーニング」。トーストと卵とハム、サラダにコーヒー。「新鮮」そのものを具現化したような存在感。シャキッ、サクッ、とひとくちごとに、「元気」が注入されて、心と体が生き返っていく。閉店してしまった秋葉原の「アカシヤ」の朝を思い出す。チャキチャキと働く姿が気持ちのいいママに、店に入るなり「ママ、Aセットね！」と注文するスーツのおじさま。朝の店内では、同じ空間で過ごしているお客さんたちのようすもまた、きらきらして見えてくるのが不思議だ。みんな、いい人のように見えてくるのだ。たとえば、通勤電車では、張りつめた空間で、すべての人が怖く感じられることがある。朝の喫茶店はその逆で、そういった気分を浄化して、人間や世の中への信頼感を取り戻させてくれる。

喫茶店にくり出してみる。そのこと自体が「スイッチ」になる。いつのまにかよそ行きに変わったわたしのなかに、「ヤッテヤルぞ」という気持ちがふつふつ沸き起こってくる。出勤の前なら、きょうの仕事をイメージしてみたり、オフの日でも、きょうやることを手帳に書き出してみたり。それはもう、立派な「仕事の下ごしらえ」。その後の過ごしかたが、するすると動き出す。

モーニングは、提供される時間帯が決まっているので、その時間までにお店に向かうことも、身支度や出かけることへの気持ちのいいきっかけとなるはずだ。

清瀬

建物も気持ちを盛り上げてくれる
コーヒーハウスるぽ

清瀬 Coffee House るぽ

地域の人々が憩う郊外型の「大箱」店で、建物はとんがり屋根。ヨーロッパの教会やお城を思わせます。吹き抜けになっている二階席からの眺めも壮観。

モーニングセットは「おはようメニュー」という温かみあるネーミング。トレイに収まった見た目も食堂車や機内食のようで、旅先の食事気分にもなれるかも。モーニングといえばトーストですが、フレンチトーストのモーニングって意外と見かけない。プチ特別感で盛り上がります。

窓からさしこむ光がやわらか…
2階席からの眺めもとてもTT!
広々空間で思い思いに憩う人々…
この、2階席が、カウンターの屋根？になっている感じがたまらんです。
カウンター席の風情はしっかりオーセンティック珈琲店
「るぽ」内観

朝から気分が上がりません

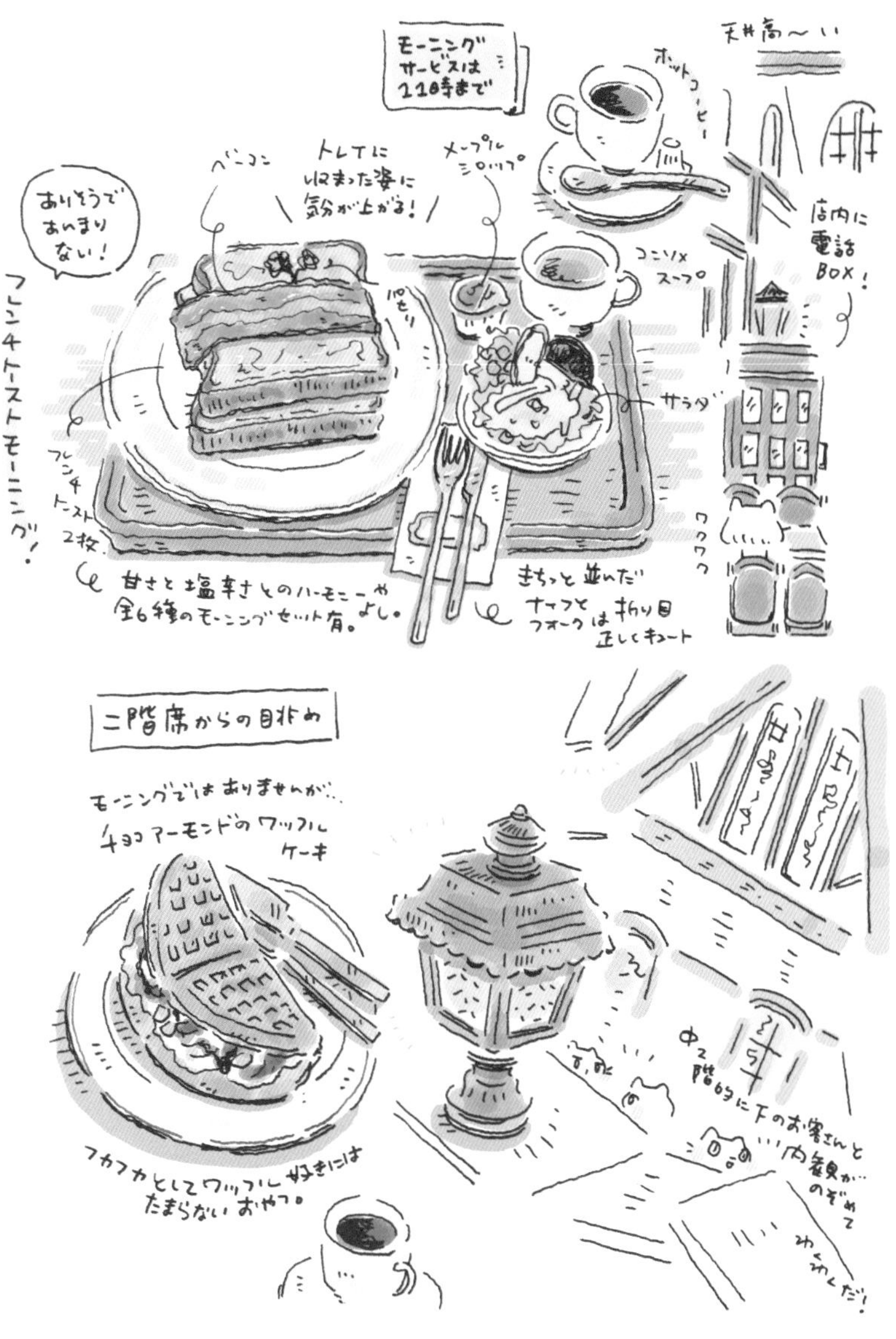
モーニングサービスは11時まで
天井高〜い
ホットコーヒー
ありそうであんまりない!
ベーコン
トレイに収まった姿に気分が上がる!
メープルシロップ
店内に電話BOX!
コンソメスープ
フレンチトーストモーニング!
パセリ
サラダ
フレンチトースト2枚
ワクワク
甘さと塩辛さとのハーモニーや全6種のモーニングセット有。よし。
きちっと並んだナイフとフォークは折り目正しくキュート
二階席からの眺め
モーニングではありませんが…
チョコアーモンドのワッフルケーキ
フカフカとしてワッフル好きにはたまらないおやつ。
中2階的に下のお客さんと内観が…のぞめてわくわくだ!

新宿

通勤者の朝の情緒を感じるなら BEER & CAFE BERG

通勤途中に味わえるモーニングといえば、筆者の中ではこちらのお店。ワンプレートにパンとソーセージ類とサラダが載ったセットが、フレッシュなうまさを炸裂させます。

朝食を思い思いに味わって、席を譲りあい、次々と入れ替わるお客さんのようすも、都会の止まり木のようでいい感じ。コロナ下では「サイレントベルク」という、同席者との会話は基本なしで、という試みを実施。

西荻窪

それいゆ

喫茶店の「朝カレー」で目覚めバッチリ

西荻窪
Soleil
それいゆ
めちゃスパイシーで目が覚めました。
朝カレー効くぜ
具もゴロゴロでいい感じ！
朝カレー！！
福神漬…とスプーンでまとめてかきこむのが…サイコーです
ゆで卵つき。

珈琲店としての風情バツグンなうえ、ランチなどの食事も充実する「それいゆ」。だから、いつのタイミングで行こうかいつも迷ってしまう。モーニングは、王道のベーコンエッグトーストセットや甘党にうれしい練乳クリームトーストなど、どれも間違いのないおいしさですが、あえての「朝カレー」はいかがでしょう。目が覚めるようなスパイシーさがガツーンと朝に効きます。

ずっと気になっていてたのめてなかった朝カレーを!!!
モーニングの中でカレーだけ単品なので別途アイスコーヒーを。
それいゆのコーヒーは水出しコーヒー！すっきりおいしい…
しかし、カレーをたのむと他のモーニングもまた食べたくなっちゃうね。
ひとりで同じように しずかに 朝時間を たんのうする人たち…

COLUMN

モーニングを食べに行く……というだけで強くなれる気がします

最近は「ワンマイルウェア」というのもあるのですが
やはりカフェという公共の場に行くということを考えると服装も決めやすいといいますか。
コンビニにだけ行くとかの方がむしろ緊張しませんか…？
ラフさ＋小ぎれいさをバランスしていく
ねむい

素朴なバタートーストだけのモーニングもたまらないけれど、「モーニングおかず」のお楽しみもあると思います。

トーストは、オプションでチーズトーストやシナモントーストにできたりすると、すごく盛り上がります。卵は、スクランブルエッグとかオムレツとか、選べると興奮します。ケチャップがかかった姿は、見た目にもいい感じ！

追加価格でこまごまとトッピングができるパターンも好き。ミニオムレツ、ポテトサラダ、ソーセージなど、それぞれに一〇〇円前後のプチな価格が設定されているのも、心躍るのです。自分好みのモーニングプレートにできる喜び。やっていることはバイキングと同じなのかもしれませんが、特別感があるのだよね。

ベーグルもすき。
トースト…は
パン
シナモンとかチーズとか
選べるとイイですね。
パンケーキやホットケーキもわくわくするなぁ…
卵は…
ゆで卵…よりも
ハムエッグ…もイイけど
しょう油とかかけたい派
オムレツ!!!
ケチャップ♥
がウレシーなぁ
トッピング
+価格で「トッピング」できるパターンもアツい!!
ソーセージ
80円
ポテサラ100円
独自のおそうざいが付くのもトキメキます!
スパゲティサラダとか…
はちみつ
ディップ
50円
カスタード
とか…

家に直帰したくない

夜の喫茶店でOFFスイッチを入れる時間を持ってみるのはいかが

帰り道、家に直行するよりも、どこかに立ち寄りたい。でもお酒を飲む、という気分じゃない。

職場で一日働いてできた、ばたばたとした、持ちあがり過ぎたテンションってあると思います。精神のスピード狂なもので、わたしはわりと、ソウ状態で仕事をやっつけるフシがある。人によっては、それを〝殺気〟と感じるかもしれない。周囲の人の立場からしてみれば、わたしだって子どものときから、帰宅した家族が仕事のテンションのままだったりするのは、なんだか違う人と接しているみたいで、ニガテだった。

そもそも、仕事に向くテンションと、人とコミュニケーションするためのテンション、家事をするテンション、ぜんぶ温度差があるものではないだろうか。そして、わたしは仕事のテンションのままベッドに入ると、ぎらぎらとしてしまって確実に寝付けないのだった。

そんなテンションを、そのまま家まで持って帰りたくない。職場と家の間のどこかでふんわりと、クールダウンしていきたい。だから、我を無くしたり、飲み屋さんでクダを巻きたいとかは違うし、きょうの仕事の反省会をしたいわけでもないのだ。

朝には、仕事に行く前の〝ONのスイッチ〟になるものとして喫茶店を活用しているけれど、もちろん、〝OFFのスイッチ〟にだってなる。

わたしにとっての「夜カフェ」はそんな、OFFスイッチとしての喫茶だ。会社でも家でもない、個人が尊重される空間で少しだけ羽を休めて、カフェインを入れる。仕事終わりは、コーヒーよりも紅茶のほうがよりじんわりリラックスできるかもしれない。覚醒させるというよりは、チルアウトのためのカフェインだ。ときには、アイスクリームやパフェなど（夜はなんとなく、ケーキのようなはっきりとした固形物よりも、口の中でスッとほどけるものがいい気がします）の甘いものも入れると、疲れた脳にきゅっと沁みて、癒しになる。昼よりも暗い店内、そのぶん暖色のあたたかみを増して感じる照明、窓からの夜景。BGMもしっとりとした、夜向きのものが選曲されている。そうして、精神が静かになっていくのを待つ。

夜のカフェは、朝や昼のカフェとも、人々の過ごし方が違う気がするのも興味深い。朝は朝で、みずみずしくて心洗われるけれど、夜の人々の様相もまた、なんだかいい。猥雑で、人が生きている、という感じがする。飲み屋さんほど弾けている空気ではないけれど、夕飯の前にちょっと集まった人たちの、これから飲みに行く、ソワソワとしたようすを感じたり、あやしい商談や勧誘に耳を傾けたり。わたしと同じように、たぶん家に直帰したくないから来ているとおぼしいひとりの人たちも、ちらほらいる。同志ですね、と心の中で語りかける。

ところで、店名に「月」とつくお店は店主のこだわりのベクトルが近いのか、共通したムードがある気がしています。インテリアや店内の色数が抑制されていたり、音楽が流れているのに静謐に感じられる環境であったり。

表参道の「月光茶房」は そんな〝月面のバーカウンター〟のような珈琲店。「石とガラスと鉄の組み合わせ」を店舗設計デザイナーに頼んだという空間は、とてもソリッドな印象で、そこに有田焼の器や木のカウンター、やわらかな照明、店主のほどよい距離感などがあたたかなスパイスのように効き、心地よいバランスがある。絶妙な緊張感があるからこそ、もたらされる安堵。

まるで「月の光」のようにクールに包み込むような空間で喫茶をすれば、気持ちのオンオフ切り替えも容易。仕事に疲れた夜は、しばし、気分を入れ替える「儀式」のような時間を持ってみるといいですよ。

月光茶房は二〇二一年春、通常の営業を終えられました。思えば、以前から少しずつお店を縮小していっている様子がうかがえ、その畳み方にも美学を感じます。新旧の珈琲店に明るく、独自の俯瞰した目線をお持ちの店主さんで、もっとお話をうかがいたいと思いつつ、畏怖の気持ちもあり……間隔を空けての訪問にしていた己の勇気のなさが悔しいです……現在は不定期ながら月四回ほどお店を開けられているようなので、またいつか、「月面のバーカウンター」で羽を休めてみたいな、と期待しつつ。

表参道

月光茶房

月の光に包まれたような珈琲カウンター

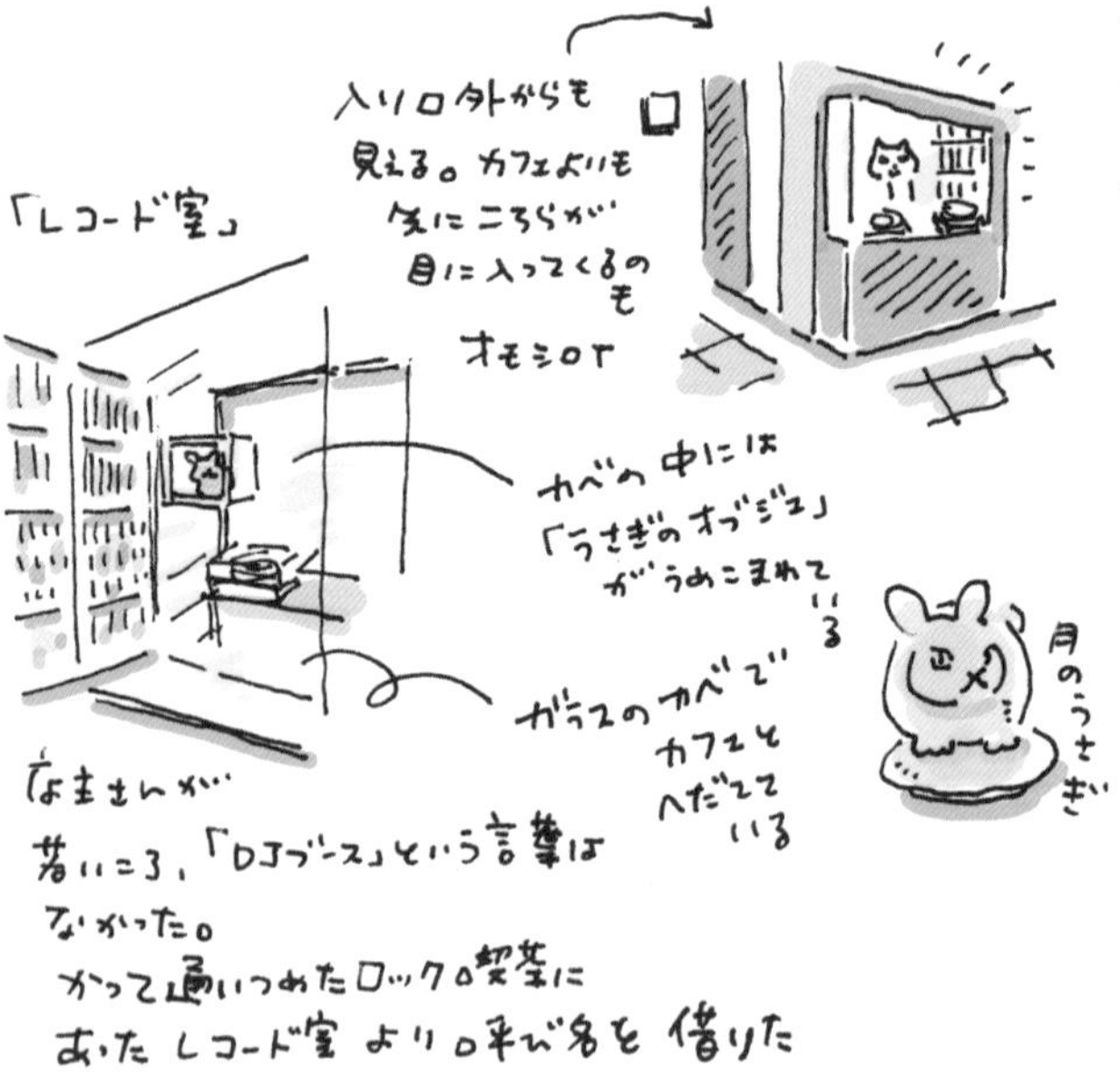
「レコード室」
入り口外からも見える。カフェよりも気にこちらが目に入ってくるのもオモシロイ
カベの中には「うさぎのオブジェ」がうめこまれている
ガラスのカベでカフェとへだてている
月のうさぎ
なまもんが
若いころ、「DJブース」という言葉はなかった。
かつて通いつめたロックの喫茶にあったレコード室より呼び名を借りた

空間、味覚、音響と、環境から入力されるものをとことんとぎすましたようなお店。

なぜ「月」なのかと尋ねたところ、銀座育ちの店主・原田さんいわく、銀座の夜空には星が見えず、おのずと月への愛着が増していった、とのこと。また、いつか雑誌で松岡正剛さんが語っていた「月は地球に同じ面しか見せない。つまり本音を見せていない」「自分から光を発しないのに愛されている」ところが粋である、という考え方にも魅力を感じたから、とこっそり教えてくださいました。

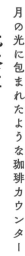

表参道 GEKKO SABO 月光茶房

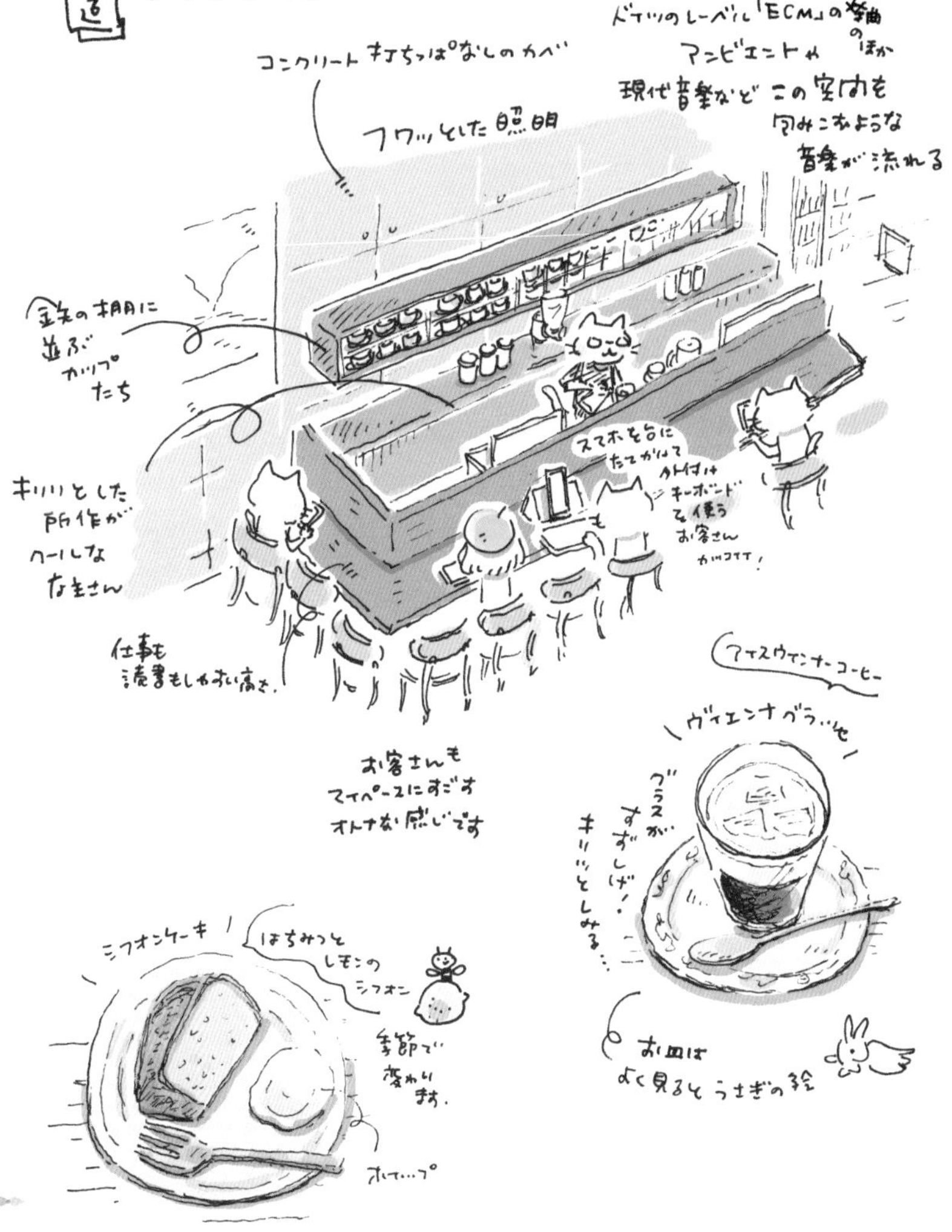
ドイツのレーベル「ECM」の楽曲のほか
アンビエントや
現代音楽など この空間を
包みこむような
音楽が流れる
コンクリート打ちっぱなしのカベ
フワッとした照明
鉄の棚に並ぶカップたち
キリッとした所作がクールな店主さん
スマホを台にたてかけて
外付けキーボードを使うお客さん
カッコイイ!
仕事も読書もしやすい高さ。
お客さんもマイペースにすごす
オトナな感じです
アイスウインナーコーヒー
ヴィエンナグラッセ
グラスがすずしげ!
キリッとしみる…
お皿はよく見るとうさぎの絵
シフォンケーキ
はちみつとレモンのシフォン
季節で変わります。
ホイップ

三軒茶屋

MOON FACTORY COFFEE

静謐な空気ただよう空間で夜の一杯を

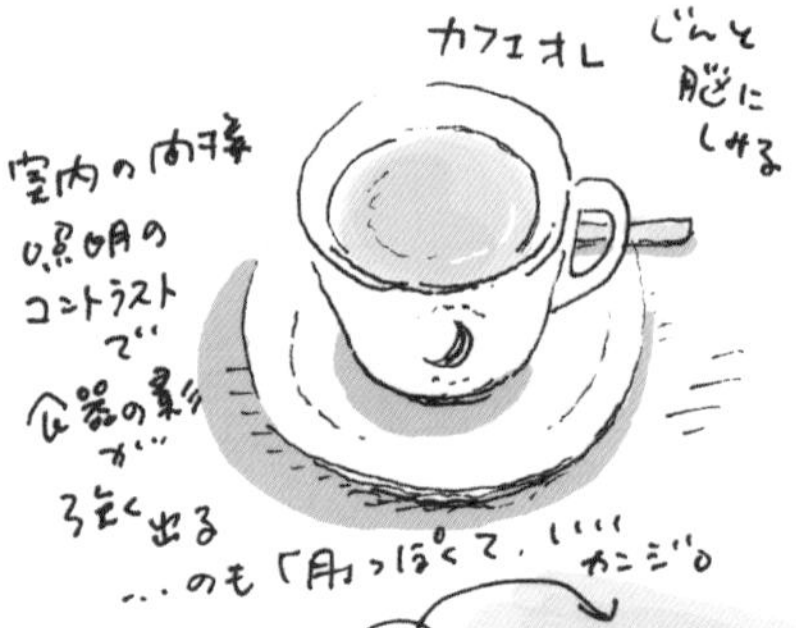

カフェオレ
じんと脳にしみる
室内の内装照明のコントラストで食器の影が強く出る
…のも「月」っぽくて、いいカンジ。

ちらりと
月の看板。

チーズケーキ。
「月」っぽいものをたのみたいけど。
ほの甘でやわらかでコーヒーにあう。

アパートの1フロアを使った空間は、ミニマルな内装にひかえめな照明でちょっと神秘的なムード。「月の満ち欠け」を意識して、たとえばコーヒーのドリップだったり、メニューのサーブであったり、ていねいな所作を心掛けていると店主さん。いわゆる「三角地帯」にお店を選んだのも、夜、飲んだあとにフッと入れる場所にしたかったからとのことです。

銀座

老舗画材店が営む屋上カフェバー

月光荘サロン 月のはなれ

月光荘サロン
銀座
月のはなれ

半分屋外、半分屋内という店内。ビルの屋上のロケーションが不思議と高揚した気持ちにさせてくれます。この小さな空からは、月が見えることもあるそう。「月のケーキ」はほんのりレモン味。3種のソースを付けていただきます。「おえかきセット」は、月光荘のスケッチブックと画材一式を貸し出すサービス。夜は「バー」となり、演奏家たちによる生演奏や、画家が似顔絵を描いてくれたりと、古くて新しい「サロン」感。

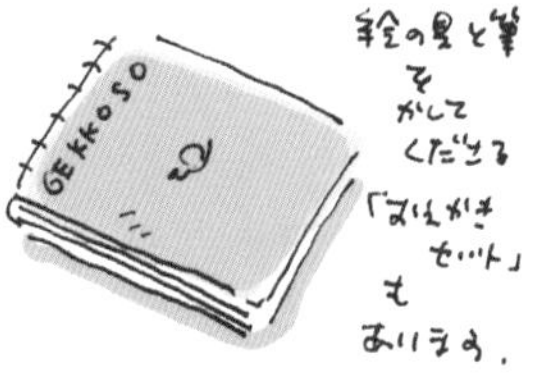
GEKKOSO
絵の具と筆をかしてくださる「おえかきセット」もあります。

月のレモンケーキ。
レモン味の強いマドレーヌみたいな。ほかほか！
3種類のソース。生クリーム／はちみつ／季節の果物

セットのコーヒー。おいしい。
高原でのむコーヒーみたいだ

COLUMN

夜の喫茶店だから食べたい／飲みたいものたち

モーニングはもちろん、「夜ならでは」のメニューが登場するお店も心躍ります。ドリンクにはお酒が入っていたりして、コーヒーや紅茶の味わいを、より色気のあるものにしている。お酒の入ったおやつが用意されていることもありますね。

かつて下北沢にあった「ノイエ」では、パフェと一緒にワインを楽しめました。パフェは、甘くかわいらしい感じとは一線を画していて、スパイスやお酒がぴりっと効いて、大人っぽかった。仕事終わりと思われるひとりのお客さんが多く来店していたのも印象的でした。

以来、パフェは大人のデザート、という眼差しで眺めてしまいます。お酒を出すお店でパフェが提供されていることはピッタリだな、と思うのでした。

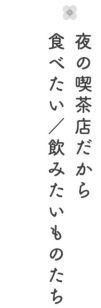

Affogato

段階をたのしみたい

仕事終わりに濃いコーヒー(紅茶でも…)とアフォガード

とけてゆくアイスクリームとのひやあつ×苦甘なコントラストがたまらんです!!

いろいろなところで描いていますが…
新宿の「亜麻亜亭(アマーテ)」のものがスキ。

Parfait と wine

かつて下北沢にあったカフェ「Neue(ノイエ)」さんではパフェとワインをたのしめたのです。パフェとお酒のくみあわせ。

クルミドコーヒーさんの

夜のミルクティー

ラム酒入り!!

ほか、
お酒の入ったコーヒーやおやつもあり。
あの"木のうろの中"みたいなお店が…
夜だとそれもまたイイムードなのですよ…!!

ムギュウ…

夜メニューのためだけに2時間近くかけて行ったこともあり…

一瞬のカフェタイムでもくつろぎたい

「借景」できる喫茶店で空間を味わうのはいかが

まったりとくつろぐ喫茶もいいけれど、気軽に一杯、コーヒーを引っかけてすぐ出るというキュッとした過ごし方もまた、カフェの醍醐味のひとつなのだと思っている。カウンターで一〇分程度だけ過ごして、そうしてパッと退店していく人をよく見かける（たいていエスプレッソなんて飲まれている）。それはとても、こなれて粋な様子で、「かっこいい大人」のように映るのだ。数年前、神楽坂の喫茶店で、着物を着たおじさまが、コーヒーをクイっと飲んでたちまち出ていったのに遭遇したことがあるけれど、ほんと洒落て見えた。

わたしには、喫茶店で過ごす時間に明確なマイルールがあって、一時間〜一時間半程度、と決めている。これは、それまで通ったお店での暗黙の空気であったり、はたまた注意書きなどの記憶であったり、わたしがメニューをスケッチするなど含めて十分に堪能できる時間であったり、そんなもろもろを合わせて導き出した時間だ（人と行くときはもう少し長く滞在することもあるし、結局のところは各人の自由だとも思っているのですが……あとはお店の空気を読みつつ、という感じだと思います。その空気を読むのが、喫茶店に慣れていないと、もしかしてむずかしいことなのかもしれませんが）。

けれど、前述のように、キュッと過ごしていく、というのにもあこがれるのだ。

ということで、コーヒースタンドだ。わたしが言うコーヒースタンドは、いわゆるサードウェーブ的なコーヒー店のことです（世の中的な定義ではありません）。コーヒースタンドは、以前のわたしにとっては少しだけ、足が向きにくいジャンルでした。コンパクトなお店が多く、おのずと、店員さんとの距離感が近くなる。わたしがつねに恐れている、「店員さんとの関係性がうまれてしまう」ことにつながる可能性が高めだ。そもそもコーヒースタンドには、従来の喫茶店員さんたちよりも、明るくフランキーな方々が働いていることが多く見受けられる。もしかすると、これがアメリカ西海岸イズムなのか……。ノリが悪く、おどおどしているわたしのような人間にとっては、自分の異質性をまざまざと感じさせられてしまう恐怖が高まる（つまりカフェに求めたい非日常ではなく、日常に近い）。

スタンドは新しめのお店が多いので、内装がすっきりとしていて照明が明るい、みたいなところも、個人的にはちょっとソワソワしちゃうな、と思ってしまっていた。

それでも、いろいろと通ってみるなかで、わたしのような小心者でも、心置きなく過ごせるコーヒースタンドの条件が見出されてきた。それが、「借景」しているお店だ。

つまり、カフェそのものの空間は広々というほどではなくても、窓や開いた扉から、隣接する景色が延長して感じられることによって、大胆に空間を味わえるお店。たとえば、公園に隣接していて、その景色をうまく取り込んで店内と一体化させるような空間の造形があるお店なら、まるでその公園の中でくつろいでいるかのような感覚を得ることができる。

もともとわたしが好んでいた、クラシカルな内装の味わい深いお店たちとは違うけれど、これはこれで、なんとも豊かな空間である。エスプレッソやラテ、ついでにサンドイッチや焼き菓子を楽しむのに、とても向いた環境だと思います。〝短い時間で体験できるピクニック〟のような。

店内の空間に、「外」の要素が加わることによって、お店の方やほかのお客さんとのあいだに緩衝材のようなものができて、お互い近くなりすぎず、自然体でいられる空気がうまれているようにも思う。

赤坂の「コーネルコーヒー」は、天井まである大きな大きな窓から、隣接する公園の豊かな緑を眺望できるお店。反対側の窓からは、建物内のイサム・ノグチによる石庭を望めて、まさにカフェをめぐる全方位が「借景」だ。

黒く反射するカウンターテーブルと天井にはこれらの景色が映り込んで、空間が拡張されて演出されることはもちろん、あふれる緑の中で喫茶をしているかのようなぜいたくな気分を味わえる。

カフェが入る草月会館は丹下健三の設計で、カフェ（および二階の談話室）の内装はデザインオフィス「ｎｅｎｄｏ」によるもの。もとの建物のつくりを活かした床とインテリアのデザインは、建物と周囲の景色を二倍、三倍においしく味わえる空間演出だ。

青山一丁目

いくつもの「借景」を堪能できる
connel coffee

カフェのフロアからさらに階段をのぼり、草月会館二階の「談話室」にメニューを持ち込むことも可能。この広々空間も、カフェと同様、nendoによる床とインテリアのデザインがなされています。青山通り、赤坂御所、青空、通りを走るクルマ、ランニングする人など、重層的な借景は絶品！

大きな大きな窓！！！
天井が反射して
さらにみどりがマシマシ
となりの公園が「借景」
みどりがマブシイ！！
こちら側の窓の向こうはイサム・ノグチの「石庭」を望める。
どちらに座っても「借景」だ！
ドーナツ
カフェラテ
やさしい味。
味が700円
意識されて いる
「集中線」のようなビシーーッと木目のフローリング
さりげなく電源アリ
テーブルにも景色が映り込む

一瞬のカフェタイムでもくつろぎたい

談話室
空
赤坂御所
街路樹
青山通り
こちらも 天井やテーブルに 景色が映りこんで 広がりを 感じる…！
眼下をクルマが 流れてゆく爽快感…
このスツールが 安定感バツグンで すわりやすい
こちらはフリースペースで、周辺で働く人がランチを持ち込んだり 打ち合わせなどに利用したりしています
館内の展示・イベントなどで 利用できない日 もあります

宮の坂
torréfacteur
Chouette
laboratoire
フクロウ型のクッキー
「シュエット」はフクロウのこと。
シュエット トレファクチュール ラボラトワール
「梟焙煎研究所」
常連さんぽい子どもさんもいる。
たぶん電車が見えるカフェだから
なつかしいサブレ。味も食感も
ガツンとした味。
アイスカフェラテ
グラスたっぷりでうれしー！
グビグビいきます。
目が覚める。
チーズケーキ
みっちりして上品な味

宮の坂

世田谷線を味わうコーヒーラボ

chouette torréfacteur laboratoire

世田谷線の線路のそばという臨場感が「ごちそう」なお店。電車の側を向いた席は、個人的に特等席です。電車が来るたびに手をとめて、子どものように見入ってしまいますが、実際、子どものお客様も多いそう。コーヒーは濃いめに抽出されていて、ガッツリとした味で目が覚めるようです。店名は和訳すると「梟焙煎研究所」。メニューにはフクロウ型のクッキーもあり。

世田谷線を望むグッドロケーション
フミキリの音で来ることがわかるのダ
ず～っと見ちゃう
フミキリ前の生活感あるうららとした雰囲気もヨシ…

吉祥寺

のどかな公園を絵画のように楽しむ
LIGHT UP COFFEE 吉祥寺店

お店の向かいには公園があり、まるで店内空間が延長したかのような開放感。扉はお店のテーマカラーの爽やかなブルー。ブルーに縁どられた絵画のような景色を楽しめます。テーブルはとてもスリムで、借景を邪魔せず空間を広く感じさせます。

お店の方いわく、街の真ん中ではなく少しリラックスした立地でお店を探したら、偶然公園の前というロケーションになったとのこと。

吉祥寺
LIGHT UP COFFEE

青いフレームが向かいの公園を絵画のように見せているのだ
アイスのカフェラテ
地元吉祥寺のなの
マドレーヌ
お菓子を置いている
今日のコーヒーはコスタリカ
リンゴのような甘みがあるので
ミルクを入れると
サクサク
ミルクティーのように味われます
ほんのり甘みつきやわらか
すごくスリムなテーブル！「フレーム」をジャマしない。

COLUMN

「おうちノマド」のススメ

FREDRIK PACKERS のバックパックです。

…あと貴重品かつデカいデジタル製品を持ち歩いているというプレッシャー……

やはりわたしにはノマドはなかなか…

少し前にタブレットPCを貸与される仕事もしていたのでバックパックを導入したものの……

重い!!!

ノートPCではないのに…!


最近、iPadを購入し、自宅作業用にノートPC的に使えるように整えました。デスクトップPCはあるのですが、それをいちいち立ち上げること、その席につくまで……ですらしんどいときがあり、そういったときのために。

具体的には、ブルートゥース接続の小さなキーボードを導入。小さく畳めて、ガジェット感強めでワクワクです。テキストエディタはグーグルドキュメントで。これなら、書いたテキストをデスクトップからも編集できます。

よし、ノマドもやっちゃおう！と勢いスタバにこれらのセットを持ち込んでみました。が、なんだかおっかなくて、一件メールを打ってスグしまっちゃいました。とさ。

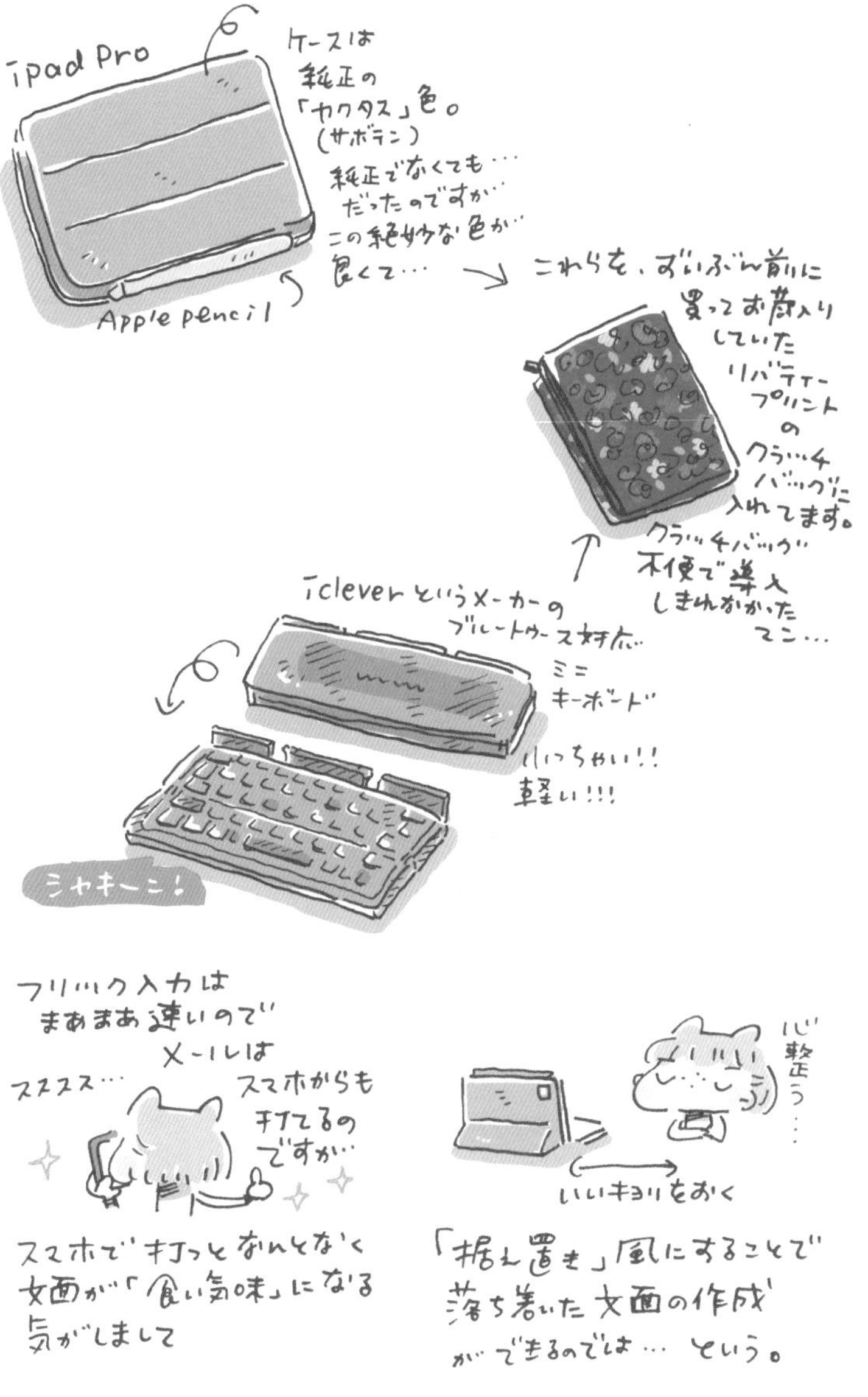
iPad Pro
ケースは純正の「カクタス」色。(サボテン)
純正でなくても…だったのですが…この絶妙な色が…良くて…
Apple pencil
これらを、ずいぶん前に買ってお蔵入りしていたリバティープリントのクラッチバッグに入れてます。
クラッチバッグ不便で導入しきれなかったてこ…
iCleverというメーカーのブルートゥース対応ミニキーボード
ちっちゃい!! 軽い!!!
シャキーン!
フリック入力はまあまあ速いのでメールは
スススス…
スマホからも打てるのですが…
スマホで打つとなんとなく文面が「食い気味」になる気がしまして
心整う…
いいキョリをおく
「据え置き」風にすることで落ち着いた文面の作成ができるのでは… という。

悩みごとをちっぽけにしたい

中二階の喫茶店で自分を俯瞰してみるのはいかが

「中二階」というロケーションをご存知だろうか。ざっくり説明すると、一階と二階のあいだにあるフロアのことで、床面積が一階よりも小さく一階と天井を共有している、ロフトのような場所だ。一階を俯瞰できる中二階は、立体感のある眺めがとても開放的。わたしが子どものころは、中二階はもっとあちこちの施設になにげなくあって、踏み込むや、子ども心にときめいたものだった。

今でも「この建物には中二階があるぞ！」と気がついたときには沸き立ってしまう。

だいたい、フロアマップで「M2F」といった表記がなされているのですが、RPGでいうところの「隠し空間」を見つけたみたいでわくわくさせられるのです。ゲーム前半でその空間を遠目に見かけることはあるものの、ゲーム終盤になり、その空間にようやっと踏み込めるときが訪れたときの胸が熱くなる感じ……まさに「中二」な心をくすぐる存在だ。

そんな中二階に、ときどき喫茶店が立地していることがある。これがまた、心躍る場所なのだ。

中二階の喫茶店は、思考を客観的にしたいときに向いている。どんな喫茶店も、平常時の自分から離れられる効用があるものだと考えていますが、中二階喫茶のそれには格段の効果がある。つかのまの一服のあいだ、まさに「箱庭」のような空間にいる自分を、強烈に「俯瞰」できるのだ。

喫茶店の空間、インテリアや小物、メニューなどの中に埋もれて、コーヒーを飲んでいる小さなわたし。周囲のお客さんたちの営み。さらに別のフロアの人々のようすも見える。いくつも並行している小宇宙だ。それを感じると、スッ……と「わたし」が遠くへ引いていく。わたしの存在を、日々の考えていることを、悩みごとを、ちっぽけなものと感じさせてくれるような。

仕事で大失敗しちゃったときや大事な友人とケンカをしたとき。わたしは、悩みがあると、なにか事態に進展が訪れるまで、そのことばかりが頭を占拠してしまいがちだ。悩みごとは、にわかには消せないけれど、小さくできるのなら、それに限る。人に話す、何らかで発散する、時間が経つのを待つ……それがかんたんにできれば苦労しないのです。急に知人に話を聞いてもらう約束を取り付けるのはなかなかむずかしいことだし、そもそもそうすることで、その人との関係性も変えてしまわないか、心配にもなる……。そんなとき、中二階喫茶の「俯瞰効果」はばつぐんの効用を発揮するのだ。

八重洲ブックセンター本店内の喫茶店「ティファニー」は、理想的な中二階喫茶店だ。書店の入口を入って右側、天井の方を眺めてみれば、宙に浮いたような空間で喫茶する人たちの姿が見える。「あの場所でコーヒーを飲みたい！」と気持ちが高まる。

八重洲ブックセンターは、デパートのような大書店だ。設計された一九七〇年代当時、似たような規模の書店がまだなかった。そのなかで、広い空間を活かして、書店のなかに一体化したような喫茶店をつくる……というアイデアが生まれたのだという。いまでこそ、「ブックカフェ」という業態は普通のものとなったが、なんという先見の明だろうか。

柵ぎわの席は、書店一階を望む特等席。この活気ある大書店の一階で、本を探すお客さんたちや、きびきび働く書店員さんたちを一望しつつ、珈琲時間を満喫する。すかっとした眺望の中で飲むコーヒー、一緒に頼んだピリピリのカレー。沁みる。きっと、どんな悩みごとを抱えた日でも、晴れやかな気持ちへと切り替えてくれるはず。

二〇二〇年にこの「ティファニー」は閉店し、代わりにチェーンの「ドトールコーヒーショップ」が入った。八重洲ブックセンターが運営していた、素朴なよさのあるティファニーがなくなってしまったことはとても惜しまれるが、ロケーションがばつぐんなことには変わりがないので、「中二階ドトール」にも通いたいと思っている。

このほかにも、リニューアル前の銀座「風月堂」や、閉店してしまった武蔵小金井「くすの樹」など、近年、中二階喫茶は失われつつあります。ぜいたくで手間のかかるつくりだから、新しく建物をつくり直すとなった際に、このような設計はかなわないのかな……と、建築の素人ながらに睨んでいます。

京橋

八重洲ブックセンター一階を俯瞰する

ティファニー

書店、喫茶店、立地する街とが一体であったことが伝わるエピソードがあります。東日本大震災の日、帰宅困難になった人たちが八重洲ブックセンターで一夜を過ごしたそう。店内の本を読むことで心を落ち着かせることができる、という声もあったとか。ティファニーからは温かいコーヒーとカレーが提供されたそうです。

書店×中二階×カフェという
スバラシイシチュエーション!!
書店をフカンする快感!!!
サラダつき
フライドオニオン
プレミアムビーフカレー
書店で食べるならカレーでしょ…という
福神漬
甘さと辛さのバランスがおいしい!
足元に植栽があるのも書店側から見たときに
見えるポイントなのかも。

書店が まるで「箱庭」のような
エスカレーターが見えるのもワクワク!!!
デパート感!!
お会計カウンターの
舶来っぽいデザインがかっこ良い!!
お会計
この柱はカフェ内にもあって…トータルデザインされてるのだ
ビジネスマンのお客さま多し。
アイスカフェオレ
深いりでオイシイ!!!
フォームミルクとカフェオレの2
Coffee Shop
京橋
Tiffany
ティファニー
at
八重洲ブックセンター
デパートみたいな大書店!!!

新宿三丁目
らんぶる
セットの紅茶。
プチプチ食感がオイシー！
チキンライス！
コールスローと
一緒にパクパク
いくのがスキです

新宿三丁目

お城のバルコニーから眺めるように
名曲・珈琲 新宿らんぶる

ヨーロッパのお城のような大広間（地下二階）で過ごすひとときはもちろん至福なのですが、今回のおすすめはあえての地下「中二階」。大広間への階段を降りる手前のフロアです。広間でくつろぐお客さんたちをひそかに眺めながらの喫茶なら、いつもよりも空間の妙を堪能できるはず。金属のお皿に載った、コールスローと一緒にスプーンでわしわしとかきこむチキンライスが筆者のお気に入りです。

中2階からジットリ眺める
(B2ですが)

地下二階の大広間の席は
もちろんゴキゲンなのですが…
この「中地下二階」席の
眺めもオツですよ

中野

ビル内の隠れ家珈琲店
ヨシノ洋品店

店名の通り、洋服やネクタイ、鞄などの「洋品」を扱うお店……の中に珈琲店「珈琲ヨシノ」が共存する、ほかにない不思議な空間。店内に踏み込めば、いかにも洋品店らしい紳士的な店員さんがお出迎え。

空間はメゾネットのようなつくりになっていて、階段上のフロアからは下の客席をちらりと望めます。窓からは光がたっぷり入り、都会のビル内にも関わらず「高原の珈琲店」のようなノーブルな風情。

中野
珈琲ヨシノ
アイスカフェオレ
フォームドミルクと二層。
1階は洋服店!! スーツのおじいさまが 迎えてくださります
キリリッ
いらっしゃいませ!
お声が渋い
洋服たち
梁のあいだから下のフロアが見えます。
カバン
フフ〜ン
こちらも特等席!!

COLUMN

それは「箱庭」をのぞきこむ喜び。

中二階の喫茶店、なんでこんなに好きなのだろう。文章にする機会をもらえるたび、あれこれ言語化をこころみていますが、いまだピンとこない自分がいます。

子どものころ、おままごとはぜんぜん好きではなかったのですが、「シルバニアファミリー」や「こえだちゃん」、あと知られていませんが「キューティキャット」など、ちんまりとした、それでいてぎゅっと小物が詰まった、箱庭のように世界が広がるおもちゃに夢中でした。

喫茶店でも中二階でもありませんが、キヨスクの陳列とキャッシャーが一体化した〝凝縮感〟にも、ロマンを覚えます。

喫茶店も扉を開ければ小さくも濃い世界が広がっていて、それを俯瞰できることが、琴線にふれるのだと思います。

喫茶店から
眺めて楽しい
いろいろ。

道ゆく人たち。

向こうからは「見えていない」
というのが最高。

他の
お客さん

会話が…
おもしろ
かったり
物語のひとコマの
ように見えたり。
味わい深いのだった。

店員さん

空気のように
…しかし
目配りもスゴイ
そんな存在感が…
ステキ!!

他の店舗

かつて
百貨店には
中2階
キッサ
が…
よく入店していた

ぜんぜん→
ちがうジャンルの
店だったりする

落ち着いて打ち合わせをしたい

出版社のサロン的喫茶店で作家気分を味わうのはいかが

ずっと、喫茶店での打ち合わせにあこがれがあった。小説やドラマの作品のワンシーンとして登場することが多く、いかにも大人、という光景だったのだ。わたしが、子どものころから漫画家になりたかったことも関係があるかもしれない。編集者と書き手は喫茶店で打ち合わせをするもの、という印象が強かったのだ。

かくいうわたしは、編集者として出版社に勤めていたものの、書き手としてフリーランスになるまで、外のお店での打ち合わせ経験はあまりなくて、社内の打ち合わせスペースでか、先方の事務所に出向くほうが多かった。むしろ、その打ち合わせが終わってから、上司と反省会のようなお茶を喫茶店でしたことのほうが記憶にある。それはそれで、上司の人間味をいつもよりも感じられたりして、ちょっと味わい深いものなのですが。

わたしがフルタイムで働いていた編集部は、テクニカルな情報誌や教科書に近いものを編むところだったけれど、その後、作家性のある出版物の編集でお手伝いをする機会もあり、その場合、お相手の作家さんの最寄り駅の喫茶店で……ということが多いということを知りました。打ち合わせ場所は、書き手の方向性によるのだ（というか、それで編集部ごとに伝統ができるのだと思う）。やっぱり、喫茶店は作家先生をもてなす「サロン」なのかな、と再確認。

そういえば、神保町に喫茶店が多いのも、近隣の出版社の打ち合わせのサロンとして、がきっかけなんだとか。それも、いろいろな出版社の「外付け」サロン的に個人経営の喫茶店があるということなので、神保町の歴史とともにある喫茶店文化の分厚さを感じられて、おもしろい。

書き手としてのわたしになってから、せっかくなので打ち合わせの喫茶店を決めてください、と頼まれることが多くなりました。本書でもいろいろ、シーンに合わせてお店をご案内しているように、わたしはTPOにあわせて喫茶店を考えるのが大好きだし、得意と思っている。

でもやっぱり、一般的には打ち合わせのための喫茶店を選ぶというのは、なかなかスッと決められない、悩んでしまうものだと思います。打ち合わせは、気の合う者同士のツーカーなものに限らず、初めましての人とのとき、ちょっぴり緊張する内容を協議するときだってある。

わたしの場合は、どうしても喫茶店について話すことが多くなってしまうので、店員さんやお客さんを意識しすぎないで済むお店を選ばないと……といつも考えている（「喫茶店で喫茶店について話す」のってなかなか緊張するんです）。

写真を撮るお客さんの多いお店だと、意識が周囲に向いてソワソワしてしまうし、食事中心でお客さんの回転がはやいお店も、腰を据えて話すには向かない。ギュウギュウにお客さんがひしめくようなお店も、ちょっと落ち着かないですよね。

先に書いた、作家性のある出版物の編集部でも、新人編集さんに、「打ち合わせがしやすい喫茶店をいくつか持っておくのが編集者として大事なことのひとつ」と話しているのを小耳に挟み、ほほー、となったものです。

出版社が営む喫茶店、という喫茶店ジャンルがある。そこは、まさに打ち合わせのために、長く営まれてきた場所。落ち着いていて華美過ぎない内装はもちろんのこと、だれがどんな話をしていても、お互い気にならないような、店員さんとお客さんのあいだに成熟した空気ができている。適度なリラックス感で、それぞれの時間に集中できるのだ。

ときには、ほんとうに作家先生と編集さんとの打ち合わせに遭遇することも。作品についてあれこれ構想を話していたり、締め切りについて探り合う、静かなバトルが繰り広げられていたり。ちょっとわくわくしつつも、ここはこの場の空気に従って、そっと、何ごともないかのように過ごしましょう。

早川書房の「クリスティ」なら名探偵もののイベントがときどき行われていたり、冨山房の「フォリオ」なら絵本が飾られていたり。出版社ごとの雰囲気にも少しだけふれることができて、ちょっとした「ツアー」のような感覚も楽しい出版社の「サロン」、おすすめです。

二〇二一年夏、「フォリオ」も閉店してしまうとのこと（これを書いているのは六月。第一報を耳にしたところ）。こちらは、わたしが駆け出しイラストレーターだったころ、お世話になった雑貨店主さんと神保町の文具店「文房堂」にポストカードの営業、その後「竹尾」に紙の仕入れに行った際、連れてきていただいたのが初めて。当時は夜も営業していて、お酒やおつまみも出て……でも昼の喫茶店の延長のような、出版系の人たちがざわざわと集う……まさにサロン的な様相でした。新米だったから、その一日の「ギョーカイ・ツアー」のような展開の後の一服でくらくらきて、フォリオのことを一気に好きになったのでした。その後も、神保町が好きだったのでその流れで休憩に立ち寄ったり、近隣で勤めたときには帰りにひと息つくのに駆け込んだり、もちろん打ち合わせにも何度も使わせていただきました。本書の担当者さんとの初打ち合わせもこちら。絶妙な距離感の店主さんと、何年もかけて、なんとなく顔を知っていただいている感じになっていった思い出。寂しいなあ。

神保町

打ち合わせのための心を整えてくれる
サロンド冨山房 Folio

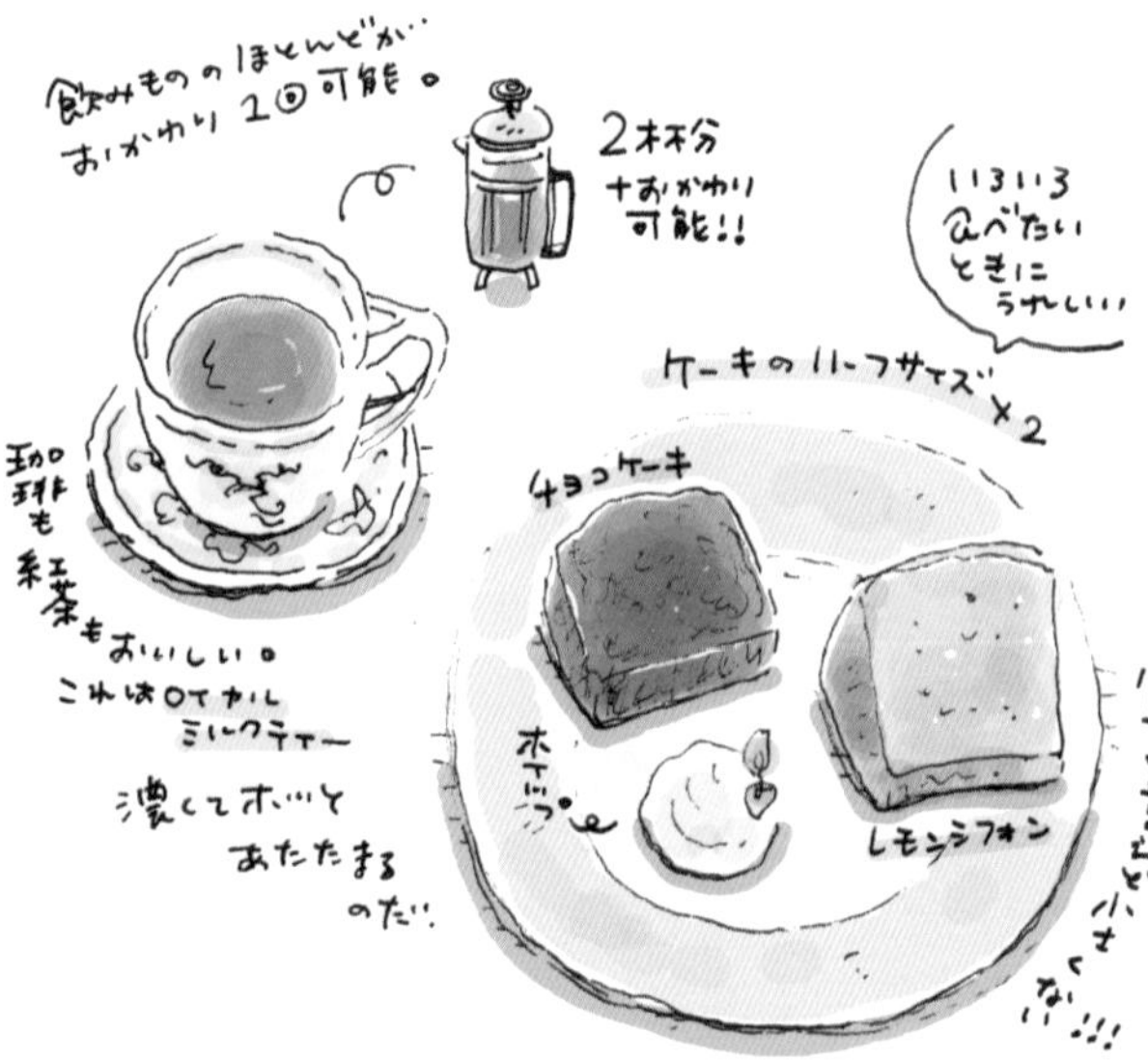
飲みもののほとんどが…
おかわり1回可能。
2杯分
＋おかわり
可能!!
いろいろ
食べたい
ときに
うれしい
ケーキのハーフサイズ×2
チョコケーキ
ホイップ
レモンシフォン
ハーフと言えど小さくない!!!
珈琲も
紅茶もおいしい。
これはロイヤル
ミルクティー
濃くてホッと
あたたまる
のだ。

サロンド冨山房
ティールーム
Folio
神保町

筆者が10年以上、打ち合わせやひとり時間（これも〝ひとり打ち合わせ〟と呼んでます）で愛用しているお店。冨山房は児童書を多く出す出版社で、大好きなモーリス・センダックの絵本も出版されています。

適度な照明、ゆったりとした座席、ダークな茶色と緑色で構成された穏やかな店内の色合い。そして、おいしいコーヒーと紅茶。自家製のケーキも上品で満足感あり。すべての環境が手伝って、どんな打ち合わせでも粛々と運ぶのです。

落ち着いて打ち合わせをしたい

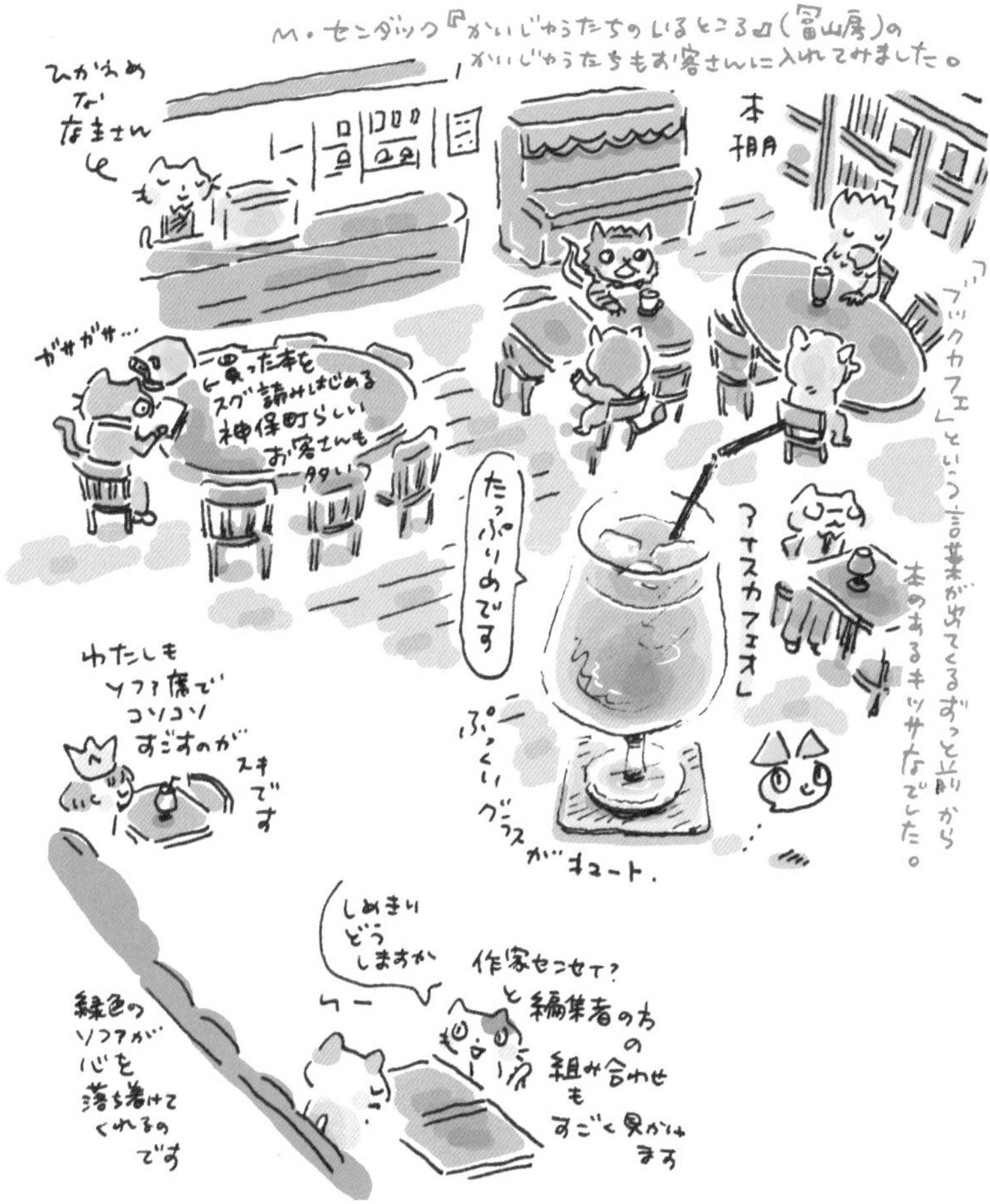

クリスティ

洋食ランチでまるで「食堂車」の気分

CHRISTIE
神田

早川書房の喫茶店。店内は細長く、一般のお客さんは外から、後ろのドアからは社員と思しいお客さんが入店してきます。ちょっとしたレストランで提供されるようなごちそう感ある洋食メニューもあいまって、なんとなく、食堂車のような佇まい。自分の会社の食堂ランチがこれだったらなあ、と思うとうらやましくなってしまう。お客さんのナイフとフォーク遣いのきれいさや、ユーモアに富んだ会話も、これは〝本場仕込み〟のものなのだろう……と想像がふくらみます。

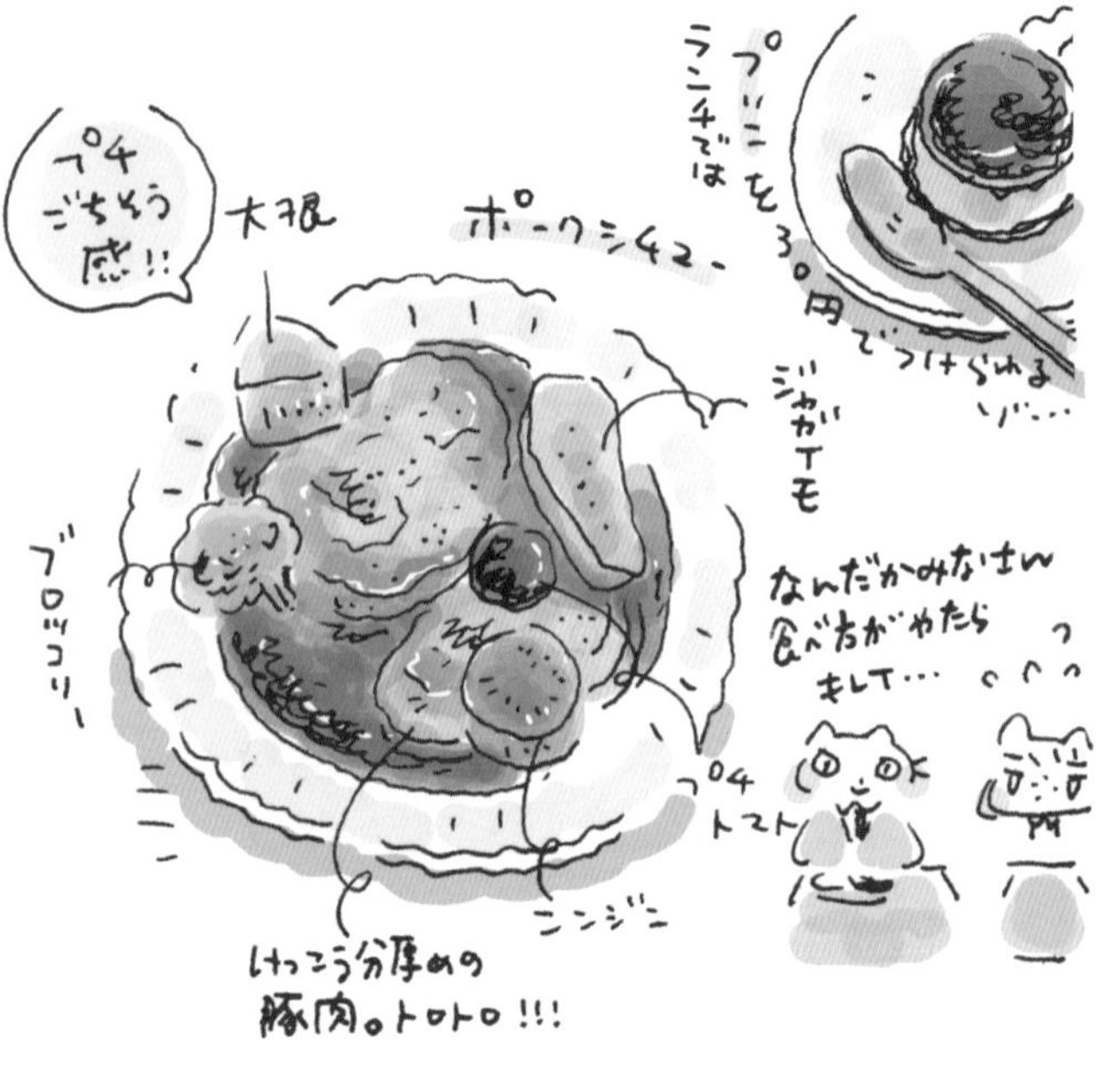
プリンを30円でつけられる
ランチでは
プチごちそう感!!
大根
ポークシチュー
ジャガイモ
ブロッコリー
なんだかみなさん
食べ方がやたら
キレイ…
プチトマト
ニンジン
けっこう分厚めの
豚肉。トロトロ!!!

千駄ヶ谷／国立競技場

ふみくら

渋めの情緒が老舗出版社を感じさせる

本もたくさん。カバーがカラフルで店内がパッと明るくなっている
レトロなお店でよく見かけるイス。
泡立ちカフェオレ
やわらかな味でホッとします
コーヒーはサイフォン式かプレス式か選べる。
カフェオレはサイフォンのみ

国立競技場
ふみくら

河出書房新社の一階に入居する、40年ほど続く食堂兼喫茶店。レトロな喫茶店でよく見かける、背もたれに十字型の模様が入った椅子やテーブル、カウンター席の情緒がいい感じです。老舗出版社らしい硬派な飾り気のなさと、長い時間が育んだ渋く味わいあるムードにホッとできます。打ち合わせもはかどりそう。窓からは、ドドンとそびえる新国立競技場を拝むことができます。

COLUMN

喫茶店打ち合わせの流儀

打ち合わせスタイルは
ちゃんとした人に見えるように…
ちゃんとした人だヨ!!
自信もちなよ…
カランコロンカランコ…
かつ少しだけ「強そう」に…
あと一応クリエイターぽさも意識して…

喫茶店での打ち合わせでは、ルールをもって過ごしています。

たとえば、テーブルに書類を広げすぎないこと。喫茶店のテーブルはお店の景観の一部だと思うので、関係のないものがドカッと載っているのは美しくない。そのとき話題にしている内容のものだけにするとか、なるべく書類が少なくなるようにしています。

また、打ち合わせだと、相手が喫茶店慣れしていないこともしばしばあるので、長い滞在になる可能性が高い。一時間半から二時間程度過ぎたら、さりげなくメニュー表をお持ちいただいて、次の注文を選びましょうとお相手を誘います。

最終的に、ご一緒した相手も、その店のファンになってくれると大成功ですね。

テーブルに書類を広げすぎない

1〜2枚ぐらいが…
のぞましい
景観を大事にしたいので。

長くなってしまったら
追加のドリンクを頼む。

ハイッッ
おねがいしまーす
MENU

打ち合わせ場所

お相手にお店を宣伝する。

おかわりが一杯無料なんですよッッッ
フンフン
これでお相手の方も別の打ち合わせで使ってくださり、芋づる式にユーザーが増える…かも…という。

どっぷり読書にひたりたい

ちょっとした〝ルール〟のある喫茶店で過ごすのはいかが

読みたい本があるときや、じっくりと考えたいことがあるとき、喫茶店で「ひとり」「静かな時間」を求める気持ちって、かなり切実なものがあると思う。

こういうときに、これから飛び込むお店がどのくらいひとりになれる環境か分からないのは、とても不安なもの。入店したときは落ち着いた環境でも、途中から団体さんが入ってくるかもしれないし、なんなら、隣席に付き合いたてのカップルがやってきたりすると、どうしようもなくソワソワしてしまうかも（あの微妙な気まずい感じ、みなさんもきっと、経験ありますよね……！）。

そんなときは、会話や撮影など、過ごし方に関するちょっとした制限があるお店がいい。たとえば明確に「ひとり専用」と謳うお店。二人以上で入っても、会話はしないように、ばらばらに座ってほしい、などのご案内があったりする。そのスッパリとしたわりきり具合が、爽快だ。撮影に関しての制限は、近年わりと見かけることが多いが、あるとやはりピリッと引きしまった感がうまれる。

ルールがあると緊張する……ということはなくて、むしろ、しっかり線引きされているからこそもたらされる、「時間と空間」があると思う。

静かな空間でひとり過ごすと、そこで流れる音楽、光、ちょっとした環境音のすべて……に敏感になっていく。「トムネコゴ」なら近くを走る電車のガタゴト音、「アール座読書館」なら水槽のコポコポいう音。それとともに、なんだかすべての感覚が鋭敏に、開いていくような感じがする。コーヒーがいつもよりも深いところに届いて、パンやケーキやクッキーも、素材の味までしっかり味わえる。じんわり自分の奥に沁みていく。

そういった環境で、読書や書きものなどのアナログな作業をすると、とても集中できる。自宅と比べてももちろん、一般的な喫茶店よりも深く、その中に入っていけるような感じがするのだ。

たとえば、わたしはあまり喫茶店では読書をしなくて（過集中のケがあるので……環境を味わえなくなって喫茶店がもったいないなあ、となってしまうため。これは個人差と思います。わたしの周囲では、読書に集中できる喫茶店に行きたいという声はとても多かった）、もっぱら、スケッチブックとメモ帳への描き×書きものがメイン。

これはどんなお店でも、なのだが、喫茶店では〝心の独り言〟が多く出てきてしまうので、それを書き留めて過ごすのがわたしの過ごし方だ。それは、ツイッターなどの〝実況〟と似ているというか、だれに訴えるでもない、〝壁打ち〟状態の出力行為で、でも、出さないと苦しくなる程度には、たくさんの独り言が頭をうめつくす。

メニューの見た目の美しさ、内観から推測されること、味のあるお客さん（喫茶店ではなぜかふだんよりも数多く遭遇する。〝場〟の力なんだと思っている）、そこに棲《す》む〝妖精〟のような店員さんの佇まい……などは絵で描き留めたい。言語を越えたものがあるし。写真を撮る人と、衝動としては近いのだろうと思うけれど、喫茶店には、アナログなものが似合うと考えているので、手描きで（カメラやスマホの機械音や光が、環境に影響するかな、色気がないのではないかな、と思っている）。
わたしは「喫茶スケッチ」が、ルーティンになっている。メニューがサーブされ、数分かけて大事なところを描いて（すばやく描かないと冷めちゃったり溶けちゃったりするのです）、実際に味わって、その後コメントやディテールを描き込んで仕上げる……という一連の流れが、もはや、喫茶店そのものを受け入れる儀式になっている。

絵ではなく文字ベースでも、メモ帳にあれこれ書き留める。お店の感想に限らず、思いついたあれこれを書く。近い時期の予定とか、その日のタスクとか、最近気になっていることとの分析とか、欲しいもののリストとか。
これらを出力すると、脳内がすごく整理されて、とにかく気分がいいのだ。まさに、精神のデトックス。

たっぷり豊かな喫茶店の環境を堪能した感覚と、しっかり頭の中身を出力した気持ちよさで、お店を出るころには、ゆっくりとお風呂に浸かったような、木立を散歩したような、そんなリフレッシュ感に包まれているはずだ。

高円寺

座席ごとに「箱庭」のような空間が広がる アール座読書館

うっそうと植栽が茂る店内の座席は特急のBOX席のような感じで、おこもり感高め。それぞれの席の引き出しには鉱石コレクションやジオラマが入っていたり、万華鏡が忍ばせてあったり……。

座席ごとに置かれたメモ帳には、過去その席に座った人たちの思い思いの日記が綴られている。これを読むのが筆者のお楽しみです。ひとりでいるのに、ほかの人の人生を味わえるのも、喫茶の時間に深い奥行きをもたらしてくれます。

鳥のはくせい
こちら側の列は
電車の「BOX席」の
ような
座席。
おこもり
感高し!!
水槽
ご本は
本棚の
ほか
テーブル
にも
ストック
されて
いる
デッサン人形
地球儀
ガラスのケースの
中には
喫茶店の
マッチ
コレクションや
店内で書く
ための
「お手紙セット」
が。
ケハイを
ころす
ねこさん
とにかく植栽(というか木)
がもりもり。目隠しにもなっているし、フシギなムードを高めている

読めば止まらなくなってしまう メモ帳。
他の人の人生をかいまみるというか
カフェラテ
ブラウニー
やさしい甘さ。
甘め！
こういうお店では読書もいいし自分の本も持参してしまって読みものがもりだくさんになってしまいがち…
水槽の水がコポコポいう音がきもちいい…
石の説明もある
ひとつひとつの席に小さな世界が広がっているのだ
高円寺
R座読書館
時間の「密度」を感じにきたよ。
ひき出しの中には…
「R座鉱石博物館」
フタをあけると中に石が入ってる。とのこと。
クマのプーさん
悪魔の辞典
人間失格
星の王子さま
この選書よ。
ここも静かだと湯気もよく見える…気がする…
カルダモンココア
窓辺のトリの置きもの。
座席にいたフカフサのチューバッカみたいなナマケモノみたいなヌイグルミ君。
チャイのようなココアのような。とってもあたたまります。

井の頭公園

逃避場所のような珈琲店
トムネコゴ

味わいのあるアンティークな家具で彩られた空間に、井の頭公園沿いのやわらかな光がさしこむお店。「会話はひかえめに」「撮影、イヤホン禁止」といったルールだけで、こんなにみずみずしい時間を過ごせるのかといつも感動してしまいます。鎌倉の「キビヤベーカリー」のパンは酸味強めでざくざくした素材感。ネルドリップの深めのコーヒーとベストマッチ。

(寒い季節のおひやは)
なんと白湯《さゆ》!!!
ありがたすぎる…
しみるよ

じわ〜〜っ
ううう… 命のセンタクになるよ…
ココは…

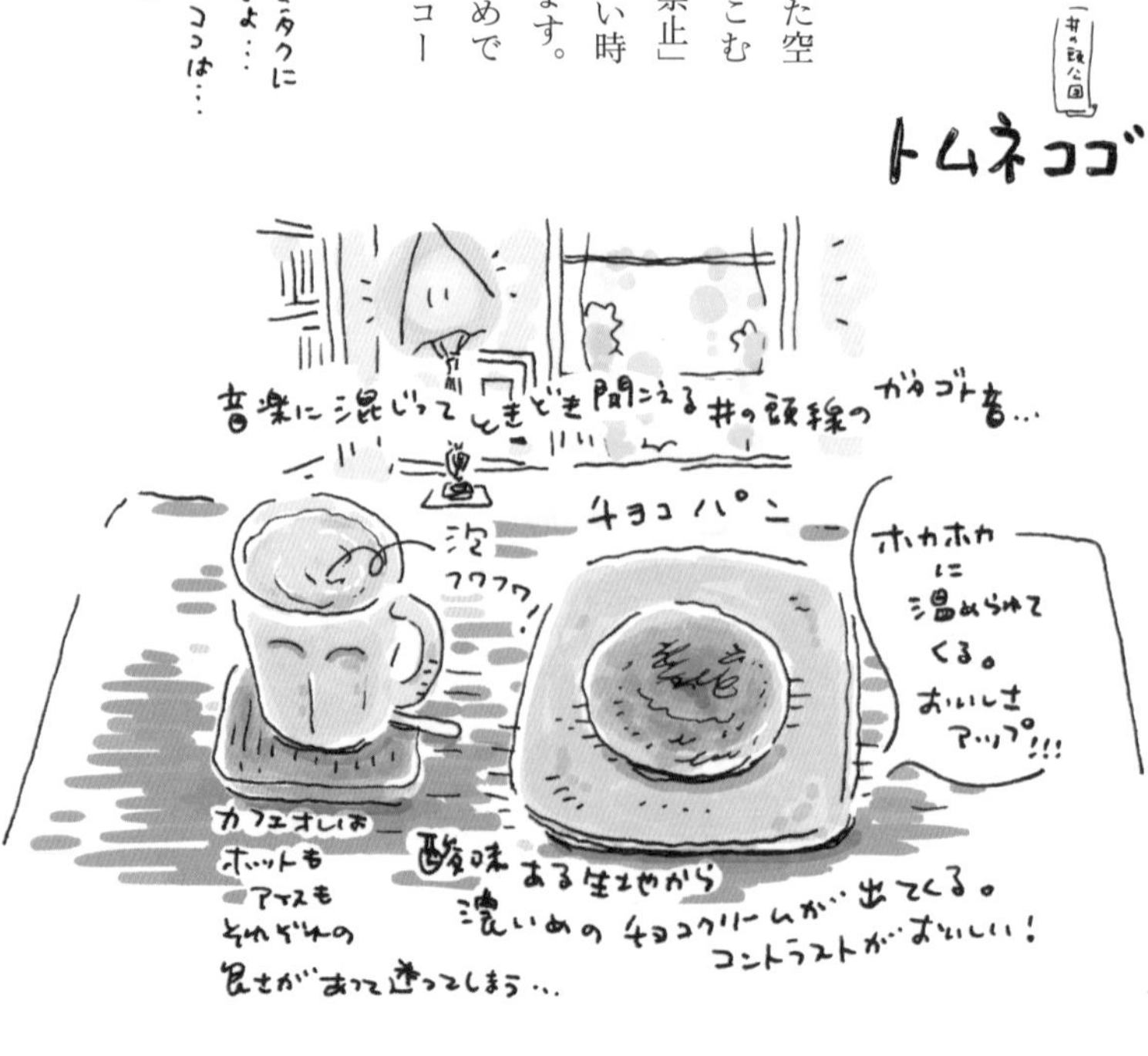

井の頭公園
トムネコゴ
音楽に混じってときどき聞こえる井の頭線のガタゴト音…
チョコパン
泡フワフワ!
ホカホカに温めらせてくる。おいしさアップ!!!
カフェオレは ホットも アイスも それぞれの 良さがあって迷ってしまう…
酸味ある生地から 濃いめのチョコクリームが出てくる。
コントラストがおいしい!

初台

読書のために洗練されたカフェ

fuzkue 初台

浮遊感あるBGMが静かに流れる…
照明は席ごとに真上にある！
かおり
席と席の間隔は広めにあいている
とりハムのサンドウィッチ
足を置ける台
とりハムはマヨで和えられていてドライトマトや玉ねぎも入って食感も美味！
ピクルス

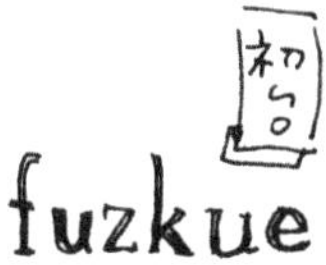
初台
fuzkue

ひたすら読書に没頭できるカフェの実現のために、仔細なルールが設けられているお店。でも、そのどれもが、喫茶店に足しげく通う人ならば「そうそう！」となるようなもの。むしろ安心してひとり喫茶を楽しめるはずです。

コーヒーはしっかりおいしくて、ちょっとつまめる食べものもヘルシーな定食も、おやつも、アルコールもあります。お店のサイトから席予約ができるのも抜かりなし！

（本とかスケッチブックとか）
ひとりで過ごすための自分用コンテンツをいろいろもちこんでみた。
フンワ〜リ
蔵書はもちろん自分のいろいろをもちこむのもGoodよね
…ただしデジタル系のものは空気をよんで…

COLUMN

喫茶店で、空気のように スケッチするために

喫茶店で「モブ」として過ごしたいわたし。スケッチもまた、お店の方や周囲の客に描いていることを気づかれないように、極めてコソコソやっている。

そのために、スケッチ道具のミニマムさにこだわっています。スケッチブックはごく小さなもので。バインダータイプを使っているので、リフィルを一枚ずつ取り外して描けば、さらに目立たず「ステルス性」が高まります。

このスケッチから店員さんと交流がうまれてしまうこともかなり恥ずかしいので、お店の方が近づいてきたとき、ついサッと隠したり裏返したりしてしまいます。向こうからはどう映っているんだろうか。喫茶店員さんは目配りの達人なので、きっと気が付かれているんだろうなあ、と思いつつ……。

喫茶店での"ステルスお絵描き"のためのアイテムたち。

マルマンのクロッキーバインダーミニサイズ。

スキャンもファイリングもかんたん！

もともとこちらのメーカーのクロッキーブックを愛用していて、中身をバインダーのように取り外しできるこのタイプに。

ほぼ日の「ひき出しポーチ 姉」（サイズ名）というバッグインバッグ。キュートさと機能性のバランスにほれています。

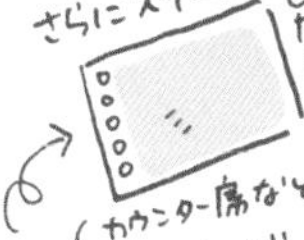

さらに「ステルス」したいときは（カウンター席など）リフィルだけで描いてしまいます。

柄がいろいろあり。これはミナペルホネンの「マーメイド」というテキスタイルのもの。ウロコのような模様がロマンチック！

PILOTの簡易万年筆 カクノ（極細）

以前ヘビーに使っていたペンがリニューアルして全くちがうタッチになってしまったのでいろいろ試し中。

Kaweco カヴェコ の「kawecosport」

「マキアート」色がと〜ってもカワイイ!!!

ケハイをころしているクセに準備はばんたん!!!
…というね…

日々の「拠り所」がほしい

思い切ってカウンター席に座ってみるのはいかが

ここまで書いてきたように、わたしはお店の人と交流をほとんどしない。ひたすら「ひとり」になるために喫茶店に行っている。そういった訪問のなかでも、店員さんと〝間接的〟に交流している気持ちでいるけれど、それもわたしの勝手な考えだ（ときどき、取材で直接交流することもありますが、取材後、またふつうのお客さんに戻らせてください、とことわっている。お店について発信する者としては、特別どこかに入れ込みすぎず、フラットな視点を持つべきだとも思うので、それも間違っていないと思いつつ）。

だから、わたしがカウンター席に座ることはなかなかない。交流しなくてはいけないのでは、という不安もあるし、緊張して、いつも通りの過ごし方ができなくなってしまいそうだと思っていたのです。

ですが、カウンター席に絶対座るという人もいるし、ハタから眺めていても、カウンターの雰囲気はとても絵になっていいものだ。わたしは、喫茶店の楽しみかたのひとつを知らないままきているのかもしれない……ということも、最近は思うようになった。

たとえば喫茶店と似た側面もありそうな「バー」では、カウンター席こそが〝真髄〟のようにも聞く。そこで、バーによく通う知人に、カウンターのよさを聞いてみた。いわく、バーテンダーさんはまるで「神父」のような存在であると。（その客にとって）本当にいいバーは数えるほどしかなくて、それは、バーテンダーさんとの相性や距離感もあるし、そこで日々の孤独を埋められるような会話なり、交流なりの体験がうまれるかどうかもある。予定して会話をしに行くというより、偶発的な環境ということらしい。また、今日は放っておいてほしい、みたいな日はそれに気がついて放ってもらえる、などの絶妙な人を読む能力がある店はいい店だ、とか。そうして、いいお酒が飲めて、いい話ができた日は、ものすごく清々しい気持ちで帰宅できる……という。

なるほど、わたしにはだいぶ高度だ。だけれど、恐れていたよりも店員さんと客がベッタリな感じでもないし、無理に店員さんと話し続けなければいけない、みたいなことでもなさそうで、「拠り所」として、そういう場所をひとつは持ってみたい気持ちにさせられた。

わたしにとって、そのバーの話と似た場所としては、とある服屋さんがそうだな、と思った。そのお店には一〇年近く通っていて、長く顔見知りの店員さんがひとりいる。それだけ通っても関係が近づきすぎない、いい距離感なのだ。彼女の接客はとてもクールだ。まったく押し付けがましくなく、ちゃんと似合うか似合わないかを判断してくれて、買わなきゃと焦らされることもない。でも、彼女と服を選んで、ささやかなファッションショーのような試着をして、買ったり買わなかったりして帰る……という一連のやりとりをすると、いつもとても楽しく幸せな気持ちに包まれる。

彼女とお互いのことはあんまり知らなくて、もちろんSNSでのやりとりなんてなく、ときどき、メッセージが書き込まれたDMハガキが届くのと、こちらからもふらっと行きたいときに通うだけだ。彼女のことは「おねえさん」と思っているが、あきらかに歳下と思われる。でも、そういう、そこにいけば会える「妖精」のような存在なので、抽象的に「おねえさん」なのだ。

たとえば、彼女のような人がいるカウンターなら、ときどき通って、〝毛づくろい〟をして帰っていきたいな、と思った。

わたしはなかなか人に気を許せない人間なので、服屋の店員さんにせよ、病院のお医者さんにせよ、この人だ、という人を見つけないと、なかなか同じ場所に通い続けられない。

だから、喫茶店でカウンター通いするなら、きっと、ピッタリくるカウンターを見つけるのにはとても時間がかかるだろうし、巡り合わせなのだろうと思う。もっと気軽にいろんなお店のカウンターを止まり木にできる人もいるだろう。

「ひとり」になるスタイルの通い方で心地いいと思っているお店なら、もちろんたくさんある。これまでの著書などでご案内してきたお店たちだ。それらのお店の店員さんの人となりも、なんとなくわかっているし、好ましいと思っている。だが、カウンターに通っていく場合、また違ってくるのだろう。それに、〝ひとりスタイル〟はわたしの基本の過ごし方であり、そのための場所を失いたくないなとも思うので、ちょっと複雑だ。

都立大学の「ダンアロマ」はずらりとカウンター席だけの、一見とても硬派な印象のお店だ。だが席に座ってみると、分厚くどっしりとしたテーブルが安心感をもたらす。奥行きのしっかりさと、かなり落としてある照明が、店員さんからも、隣り合う客からも、適度な個人空間を確保してくれる。

カウンター席ならではのスペシャル体験としては、目の前で店員さんの所作を眺められること。コーヒーを淹れるひとつひとつの動き、店員同士でキビキビとやりとりする姿。いつもよりお店を身近に感じられるし、心地のいいBGMのように、喫茶をよりおいしいものにしてくれる。

ほかの客とはお互いに会話を交わさなくても、「同じ止まり木にとまったもの同士」をテーブル席よりも強く感じられる。これもなんとも、いい心地だ。

ダンアロマの店員さんとは、何年かにわたり、ほんのりとした交流が続いている。この近くにあったZINE専門店「MOUNT ZINE」(現在は駒沢大学に移転)に自分のZINEを置いてもらっていたので、近くの散策ついでに寄ったのが最初のこと。その後ダンアロマには、MOUNT ZINEで個展をした際に友人を連れて通ったり、近年はその空間美を取材のロケーションとして使わせてもらったり。初めから、自分が何をしている人かは明かさなくて、グラデーションのように、自然な流れで知っていただいて、それでもずっと変わらない居心地を維持できている。

これが、先に書いたような、〝カウンターを拠り所にする〟過ごし方につながっていくかはまだ、未知数だけれど、変わっていく自分も悪くないかもね……とこのごろは思っていたりします。

Dun Aroma

メニューの美しさもお楽しみポイント

喫茶店のおなじみ、コーヒーゼリーもグラスに入って登場。どっしりダンディーなカウンターで、カクテルのようにシックにきらきら輝く。シナモントーストやチーズトーストなどの定番メニューもまた、オーセンティックなこのカウンターに似合う仕様。メニューのコンプリート欲をいつも刺激されてしまう。

暗闇でかがやくような!
コーヒーゼリー
バニラアイス
クリーム
ゼリー
キラッキラなのだ
シックな宝石感…
カウンターでグラスのデザートをいただくトキメキよ…

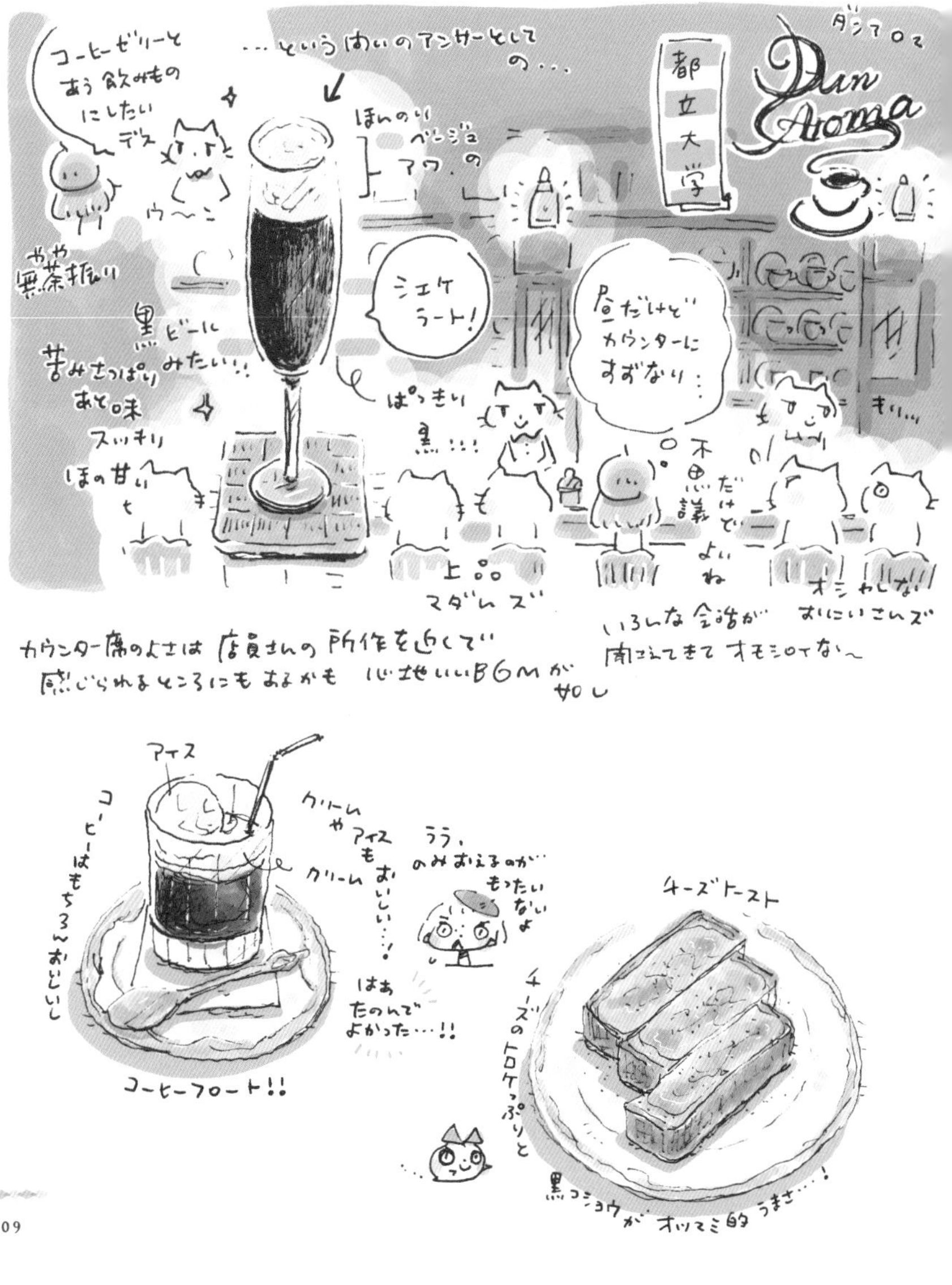
コーヒーゼリーとあう飲みものにしたいデス
ウ〜ン
やや無茶振り
…というはいのアンサーとしての…
ほんのりベージュのアワ
ダンアロマ
Dun Aroma
都立大学
シェケラート!
黒ビールみたい!!
苦みさっぱりあと味スッキリほの甘い
ぱっきり黒!!!
昼だけどカウンターにすずなり…
上品マダムズ
不思議だけでよいね
キリ…
オシャレなおにいさんズ
カウンター席のよさは店員さんの所作を近くで感じられるところにもあるかも 心地いいBGMが如し
いろんな会話が聞こえてきてオモシロイな〜
アイス
コーヒーはもちろんおいしいし
クリームやアイスもおいしい…!
ウフ、のみおえるのがもったいないよ
はあたのんでよかった…!!
コーヒーフロート!!
チーズトースト
チーズの焦ゲっぷりと黒コショウがオツマミ的うまさ…!

神保町

Kanda Coffee

毎日寄りたいオトナの珈琲店

たっぷりだけど
グビグビ
いけちゃう
カフェオレHOT
表面のアワがフワフワで口あたりよし
コーヒーの香りで満ちる店内
ミルキーで熱すぎない

Kanda Coffee 神保町

　ビジネス街の一角にありながらも植栽に囲まれて、外観からして雰囲気のある一軒。自家焙煎のこのお店では、大人がぎゅぎゅっと集まってコーヒーをたしなむ。

　季節のおすすめの豆でいれた水出しコーヒーをキリッと飲むもよし、たっぷり量がうれしいミルクコーヒーを飲むもよし。ミルキーさとどっしりコーヒーとのバランスが絶妙で、毎日飲みたくなってしまいます。

　早い時間から開店しているので、朝いちばんのコーヒーのテイクアウトにも。

代々木公園

自分だけの理想の一杯を楽しめる
ROSTRO

店内には飲みもののメニュー表は存在せず、まるで「問診」するかのように好みや気分などをアレコレ丁寧に聞き出して、それをもとにコーヒーをつくってくれます。カウンターは店員さんが働くキッチンを取り囲むような配置。目の前で豆を挽くようす、抽出のようすなど、コーヒーがサーブされるまでの工程を眺めることができ、カウンター席ならではの臨場感を堪能できるはず。

代々木公園
ROSTRO
ロストロ

まるで問診するみたく好みを聞いてくださる
やさしいです
勇気をだしていろいろ質問してみるとよいです
カフェオレ
・苦め
＋
・濃さはふつう
＋
・チョコ的フレーバー
＋
・ミルクとコーヒーは割合はソフトクリームと合うバランスで…
コーヒーソフトクリーム
甘さほどよくコーヒーとちょうどのいいさわやかな味!!
スモールサイズ
エスプレッソの粉
途中からかけて味を変えると二度オイシイ
とてもあう!!

COLUMN

そこは喫茶店の「顔」なのです

店員さんをやる機会はついになかったのですが
ガールな感じよりもこういうパリッとボーイな感じに憧れます。

本編で書いたように、わたしはカウンターに着席しないのですが、カウンターがある喫茶店は好きなのです。

遠目に眺めることはしばしばで、もっと言うと、カウンターが見える席に陣取りたい。カウンターって絵になるんです。喫茶店の「顔」だとすら思っている。

どっしりとしたカウンターテーブル。清潔感のある装いで粛々とコーヒーを淹れる店主さんの所作。その後ろの棚には、色とりどりのカップが並んで壮観です。ずらりと着席しているお客さんたちの背中は、それぞれに語っている……間接照明で、物語のワンシーンのように浮かび上がる、これらの光景。

カフェインとともに、そんなようすを味わうことは、ぜいたくな時間なのです。

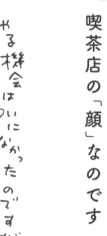

「絵になる」カウンターの風情。
うしろの棚にずらり並ぶカップ
ハリがあるとさらにカッコイイ.
店員さんの所作やたたずまいがステキ
一枚板のテーブル
間接照明がしっとりしたムードを演出
お客さんの背中がステキ。
語るね～！と思う。

自分を大切にする時間をつくりたい

子ども部屋のようなお店で童心に返ってみるのはいかが

ウェブの記事やSNSなどで、よく、「自分を大切にしましょう」という言葉を目にする。というか、実際、そうアドバイスいただくことさえある。でもそれって、いったいなにを、どうすればいいんだろう……？　ずっと、謎だった。

自分にご褒美、という言葉がある。それならわかる。まあでも、自分のために好きなものを食べたり、欲しかったものを買ったり、そういうことはまあまあできてきたと思うのだ。欲は多くないほうだと思うけれど、その少ない欲に対しては素直なほうだとも自覚しているので。

だとすれば、「自分を大切にする」というのはなにか、もっと、奥深くにある……根本的なことなのだろうな、と思っていた。

最近思っているのは、たとえば、「過去の自分をいつくしむ」ことは、自分を大切にすることのひとつではないだろうか、ということ。小さなとき、もっと青年期でもいいけれど、とにかく、自分の意志がまだしっかり固まっていなくって、判断がしきれなくて弱々しかったわたし。外からのいろいろの情報や干渉に振りまわされていたわたし。いまどきはかんたんに、そういった状態を「未熟」と評価してしまいがちだけど、その「小さなわたし」に思いを馳せて、大事にすること。

少し話は逸れてしまうが、わたしが喫茶スケッチの中などに描き込む「おばけ」のキャラクターがいる。彼（彼女？ 性別はないという設定）は、わたしの分身であったり、「イマジナリーフレンド」のような存在として、描き込んでいる。以前はわたし自身を描き込んだり自分の意見を言うことはなんだか恥ずかしいというか自信がなくて、代わりに絵の中で感想などをリアクションしてもらっていたフシもある。

そもそも、わたしはひとりで喫茶をしているとき、分身であり小さなころから寄り添ってきた「彼」と語りあっている気でいるのだ。子どものころのひとり遊びの時間のように。

喫茶店をめぐっていると、「子ども部屋」のようなお店にときどき出逢う。そこは、まるで森の中の秘密基地のような内装だったり、絵本などの書物が並んでいたり。メニューは子どもも大人もわくわく楽しめるもので、メニュー表などの文字情報も、なんだか遊び心がありつつ、やさしい。いわゆる「レトロ」とは違うが、ノスタルジーの匂いもする。

そういうお店は、けっして「子ども向け」でもなく、「大人向け」でもない。「子どもも大人も分け隔てない」ようなつくりであることが多い。大人だけで行って気まずいということもなく、子どもだまし……という感じでもない。ぴりっと節度があり、どんな年齢のお客さんが行ってもいいようになっている。すべての人にフラットで、リスペクトがある感じ。こういった空間を提供することって、かなり高度なことだよなあ、と思っています。

こんな喫茶店で過ごしていて思い出すのは、子どものころ、緊張しながら出入りしていた、半分大人、半分子どもの領域のような場所のこと。わたしの場合は、親の友人の家や個人塾の教室などがそれでした。クリスマスの素朴なクッキーだとか、しっかり濃く淹れられた紅茶だとか、家では出ない、少しだけ背伸びしたおやつも出てきた。出してもらえた本は、小説版のムーミンや、ハイティーン向けの少女漫画。ちょっと緊張感のあったその「よその場所」で、子どものわたしを、小さな大人のように対等に扱ってもらえた記憶がよみがえる。それがずっと心の奥で滋養となっていて、いまのわたしを豊かに、強くしている気がしている。

いまは立場が子どもから大人へと入れ替わったけれど、こういったお店で一服したときの独特の安らぎは、自分の中の「童心」を大事にしてもらったことで……ひいては自分そのものを尊重されているという感覚からくる安心感なのかもしれない。いまの自分は小さなわたしと地続きの存在であり、どちらも大事な存在なのだ。

どっしりと奥行きある木のカウンターで、ほかほかのカフェオレと分厚いホットケーキを堪能しながら、そう思った。きょうはイマジナリーなお友だちも、いつもよりにぎやかだ。

西国分寺

そこは秘密基地のような喫茶店

クルミドコーヒー

店内は、まるで大きな木のうろの中のよう。地下から三階までの立体感がある空間で、どの席に陣取っても、その席ならではのくつろぎが待っています。大きな窓からの光もさわやか！　ちなみに、仕事終わりにたどりついた夜のメロウさもまた、沁みるものがあります。想像をかきたてるメニュー表や、季節で変わるコーヒーや食べものなど、通うたびに楽しめることがいっぱい。

くるみ割り
くるみのカフェオレ
香ばしくてなつかしい
味がする

クルミドケーキクリーム
みかんとショコラクリーム
やさしいショコラクリーム
さわやかカンキツのカスタードクリーム
季節で変わります
同じ季節でも2種くらい変わったりする
ネーブルやはっさくなど季節のカンキツ添え
みずみずしい…！
ナイフとフォークでごちそう感なのだっ
伝票がわりの木の動物。
冬の珈琲
季節ごとのコーヒーや食べものあり。
メニュー表のテキストがまた物語っぽいのだ…

西国分寺
KURUMED COFFEE
入り口のカンバンが裏から見える。
(地下1階もある…!)
高〜い天井に大きな大きな窓。
冬枯れの木(春夏はさわやか)もメルヘン。
2階
1階
ちょっぴり小さめの子ども用みたいなイスにわくわく座る
2.5階
中2階好きとしてもたまりません。
3階は基地のような「うろ」のような…

きつね色のホットケーキでとろけたい

ホットケーキつるばみ舎

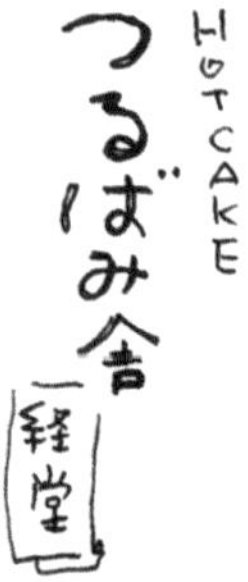
HOT CAKE
つるばみ舎
経堂

ホットケーキとコーヒーの組み合わせは、無限にいけてしまうと思っています。銀座「万惣」の流れをくむホットケーキは表面がカリカリで、中はフワッ。シロップなしでもほんのりとした、カステラのような甘さ。遠い昔に読んだ物語にでてくるような、健康的なきつね色とたまご色で、思わず笑顔がこぼれてしまうはず。メニュー表は描き文字とイラストが絵本のようで、じんわりあたたかみあり。ホットケーキは枚数やトッピングで自分好みにカスタムできます。

コーヒーとホットケーキを交互に… 無限だぜ…
2枚!!
枚数は選べます。
黒みつのシロップをかけて
やはり「舎」で食べたいなって…
どんぐり帽子
「つるばみ」はどんぐりのこと。
表面カリッと中はフワッと!
TSURUBAMI

神保町

子どもから大人までが楽しめる ブックハウスカフェ

BOOKHOUSE 神保町
ブックハウスカフェ

子どもの本専門店というだけでも最高なのに、ぎっしり子どもの本が詰まった本棚に囲まれた空間の真ん中に、ふかふかソファの落ち着けるカフェがあるのです。子ども連れの人はもちろん、ゆっくりくつろぐ大人もたくさん。食器は、絵本の柄があしらわれていることも多く、不思議とやさしい気持ちにさせられます。

メニューにはカレーやカレーパンもあって、「神田カレー街食べ歩きスタンプラリー」の客もチラホラ。

星や月の絵が描かれたお皿
カレーパン
かわいい丸型!!
泡立ちカフェオレ。しっかり味でおいしい。
お昼をすごすビジネスマンの方も
もちろん赤ちゃん連れの方も。
絵本の柄のマグ。
何か元気が出る。なんでだろーね

COLUMN

どこか遠くに連れて行ってくれる児童書の話

三つ編みも
ほんのり
メルヘンの
香り…
パーカーや
ダッフル
コートって
「魔法使い」
みたいで
着てみたく
て
おねだり
した
なっ
…

子どものころ、いつかは冒険の旅に出られるのだ、と信じていました。通園カバンには、旅に出た時に使えるかもと、空になった糸巻きや自販機アイスの芯、お手製の地図などを忍ばせたりして。

児童書も、冒険に出るお話が好きでした。読んでいる間の、自分自身が本当に旅をしているかのような没入感。あっという間に読み終わってしまうので、図書館や書店で、次の冒険に出るべくしつこく探し求めました。

ここに挙げた本は、そんな中でも繰り返し繰り返し読んだ、お気に入りのものたちです。

押し入れから出発するのか、誰かが迎えにきてくれるのか。いつかいつか……と眠るうちに、大人になっていたなあ。

冒険者たち ガンバと15ひきの仲間
作：斎藤惇夫

動物たちはリアルタッチです。

アニメ映画にもなった原作。
児童書なのだけどハードな
描写や展開も多い。
ガンバとキャラの立った仲間たち
にわくわく。「イカサマ」が好き！
続編もアツイです。

はてしない物語
作：ミヒャエル・エンデ

主人公と自分とを重ねて
しまいのめりこむように読み
ました。本を読む自分まで
も物語の一部となって
しまう「仕掛け」にとにかく
震えてしまった。（ネタバレになってしまうので
具体的に書きませんが……

この装丁にもときめいたものです…

白鳥異伝《はくちょういでん》 作：荻原規子

このカバーのバージョンで手にしました。
とにかく厚めの冒険ものが
読みたかった。

ヤマトタケル伝説をモチーフにした
古代日本が舞台の和のファンタジー。
幼なじみ同士の恋愛？未満？な
感じに子ども心にもだえてしまった。
感化されて勾玉のかたちに
加工された天然石を集めたりしたなァ…

巣ごもり期間も心を動かしたい

自宅に「カフェスペース」をつくって喫茶店テイクアウトを楽しむのはいかが

二〇二〇年春。引きこもらなければいけない日々が続いたことで、喫茶店のテイクアウトやデリバリーなど、自宅で喫茶メニューを楽しむ機会が増えた。これまでSNSをやっていなかったような老舗が続々とアカウントを開設し、立派なカップでしか味わえなかった渋い珈琲店のコーヒーをテイクアウトカップで持ち出せたり、洋食がおいしい名店のオムライスやナポリタンを容器で持ち帰れたりするのは、二〇二一年現在の今でこそ、少しふつうのこととなってしまったものの、おどろきの出来事だった。

喫茶店のカレーライスが好物のひとつなので、カレーをよく持ち帰った。わたしは、やれあのお店のあのメニューがテイクアウトをはじめた、という情報を見つけるや熱心にテイクアウトをしていたので、想定されているだろう持ち運びの距離や時間よりも長く持ち帰ったりしていた（不良）。するとだいたい、袋の中でもれたりズレたりとちょっと悲しいことになってしまったりもするんですが……そんなトライアンドエラーまで含めて、暗く平坦な日々に、テイクアウトの文化はしっかりと潤いになった。そういえば、吉祥寺の「武蔵野文庫」から名物のカレーを持ち帰る際「徒歩ですか、自転車ですか」との問いがあり、それで包みかたを変えてくださって、感激したこともあった。実際は、徒歩でも自転車でもなく、電車含めた長距離移動だったのですが（やっぱり不良）……。

喫茶店メニューは、あの空間で楽しむから、よりおいしいのだとは理解しつつも、思うように出かけられない日に、あのお店やこのお店の味を楽しめるのは、やっぱり気分が上がる体験だと思う。

これらの持ち出した喫茶店メニューを、できるだけ臨場感をもって楽しみたくて、自宅のキッチンの片隅の物置スペースを「カフェスペース」と名付け、小さな席を設けてみた。ちょっと薄暗く、壁に向く席なので、なかなかに〝喫茶店感〟あり（ちょっぴり想像力も必要かもしれません……）。

食器も、喫茶店のものを使う。閉店してしまったお店の食器やインテリアを愛をもって引き取り販売する「村田商會」から手に入れたものだ。これまでは、在りし日のお店の熱烈なファンでないと手に入れてはいけないのでは……と思う気持ちと、それを日常使いするなんてさらにとんでもない、という遠慮があり、二の足を踏んでいたのだ。でも、このカフェスペースで喫茶店メニューたちを十二分に味わうのに、これこそいちばんふさわしい食器たちだと思えた。

そうして、ふだん喫茶店で過ごす小一時間程度を家のカフェスペースで過ごすと決め、コーヒーやテイクアウトしたメニューをつまみながら、書きものや読書をして過ごすと、ネットやテレビから一方的に入ってくる情報から距離ができ、心に「余白」がうまれて、ざわざわした気分が静かに整っていく感覚があったのだった。

「喫茶の効用」を、こんなかたちで思い知ることになるとは。

「不要不急」とされたさまざまなことたち。というか、なにが不要不急なのかは自身で判断せよ、という空気もキツかった。ここまで書いてきたように、喫茶店は、家の外の場としては貴重な「だらだらと過ごしていい」ところだと考えている。だから、なにかすごく崇高な目的があるわけではない。でもだからって、本当に「不要」なのか……？

喫茶店には小さく人を救う、日々をラクにする力があると感じていて、それを読者のみなさんにわかりやすいかたちで伝えていきたい、と、たまたま「喫茶の効用」という連載をしていたけれど、はてさて、お店に行くこと自体が不要不急かも、となったときの無力感。でも、この小さな憩いの場に足を運ぶこと、ときどき匿名の自分になりにいくことさえ奪われてしまったら、本当に、息が詰まってしまわないか？

わたしは、喫茶店のことを発信するという自分の立場がすでにあったので、ある意味「お手本」にならないといけない、という気負いもあり、さりとて積極的に「お店に行こうよ！」と呼びかけるのもむずかしく（実際の喫茶店の多くは、消毒や換気、体温の計測などの対策を早めに取り入れるような、細やかなところが多く、かつ、お客さんも静かで、混みあうことになるのもめったにないのですが）、なかなか悩まされたし、いまも悩み続けている。

テイクアウトやデリバリーの宣伝、お店のSNSの存在を認知してもらうこと、などを心がけてみたものの、焼け石に水なのでは……と不安になったり、喫茶店全体のためにがんばるゾ、という使命感を持つのも無理があり（ついにわたしには持てなかった）、とにかく日々ほどほどのわたしを維持して、適度にやりすごしていくしかできなかったのだった。

そんな、少しの元気をつないでいくだけの日々に、自作カフェスペースとテイクアウトメニューたちは、たしかに効いたのでした。この本が出るころには、喫茶店で過ごす時間がごく当たり前のこととして、戻っているといいな、と願いつつ。

神保町

眞踏珈琲店

本格珈琲店が自宅に届く

こちらは店内のメニュー
大型バイクでいらっしゃった
ケーキには塩をふっていただくとオススメです
非日常感がおもしろかった…
喫茶とは非日常…
わーお
ブランエノマール
ベイクドチーズケーキ
こちらはデリバリー可能
はやくお店でゆっくりしたいなァ…
岩塩

神保町 眞踏珈琲店

神保町にある珈琲店。一階のオーセンティックなカウンターの空間と、二階の遊び心ある本棚の空間と、どちらも居心地よしなのです。緊急事態宣言下などでお店が行うサービスのひとつ「デリバリィ珈琲店」では、店員さんがバイクで、お店の味を自宅に届けてくれます。水出しコーヒーはトロッと濃厚、ケーキもコーヒーとあう深い味わい。注文は東京23区内限定で、お店のツイッターでデリバリーの予告があった日のみ。ツイッターDMで注文可能でした。

＊現在デリバリーサービスは行っておりません。

新宿

ディスプレイ越しに珈琲店を体験する

但馬屋珈琲店

長い時間を経た風情がなんとも艶っぽい珈琲店。「但馬屋珈琲店VR」は、ネット上でアクセスすると、但馬屋珈琲店本店が立体感ある360度の画像でなめらかに表示されました。画面越しにお店を仮想体験しながらなら、「おうち喫茶」に味わいあるムードを添えることができたものです。古きよきものを展開するお店がネットにも強いというバランス感覚がすばらしいのです。

＊但馬屋珈琲店VRは期間限定のサービスで、現在は公開終了しています。

わたしは 同席する人が サバランを たのむことが 多くて
オトナだなァ…
カッコイイ〜
はへ〜
と憧れてたりしたのですが
よく考えたら、自分でサバランをたのむことも 自由ジカン!! と 今さら思った次第

新宿
但馬屋珈琲店
サバラン
横丁サバランは 洋酒ヒタヒタ 中にパインと レーズン
アイスウインナーコーヒー
珈琲店の キリリと 苦い おいしい ウィンナーコーヒー。
ふうふの背中
平常時に いただいた日のスケッチ です。

西荻窪

村田商會

あのお店の食器やインテリアを我が家に

閉店した喫茶店の家具や食器を取り扱う古道具店兼喫茶店。喫茶店によく通う人なら、いつか見たことがあるような食器や家具が並びます。その食器がどんなお店のものであったかなども店員さんが教えてくれるので、物語ある食器や家具を「お迎え」できます。筆者は千歳船橋「香味亭」で使われていた香蘭社のカップ&ソーサーを購入。ネットショップも運営されているので通販もできます。

実店舗は、かつてその場所にあった喫茶店「POT」の居ぬきとなっていて、店内の喫茶スペースでくつろぐことも可能。

西荻窪
村田商會

香蘭社のカップ&ソーサー
「ルリ色」という商品名の色の名前にひかれて…
色違いで2客購入。
やはり珈琲が映えるカップがあるとよいなァ…と
出てくるミルクピッチャー
こちらのお色も絶妙〜な白…上品。

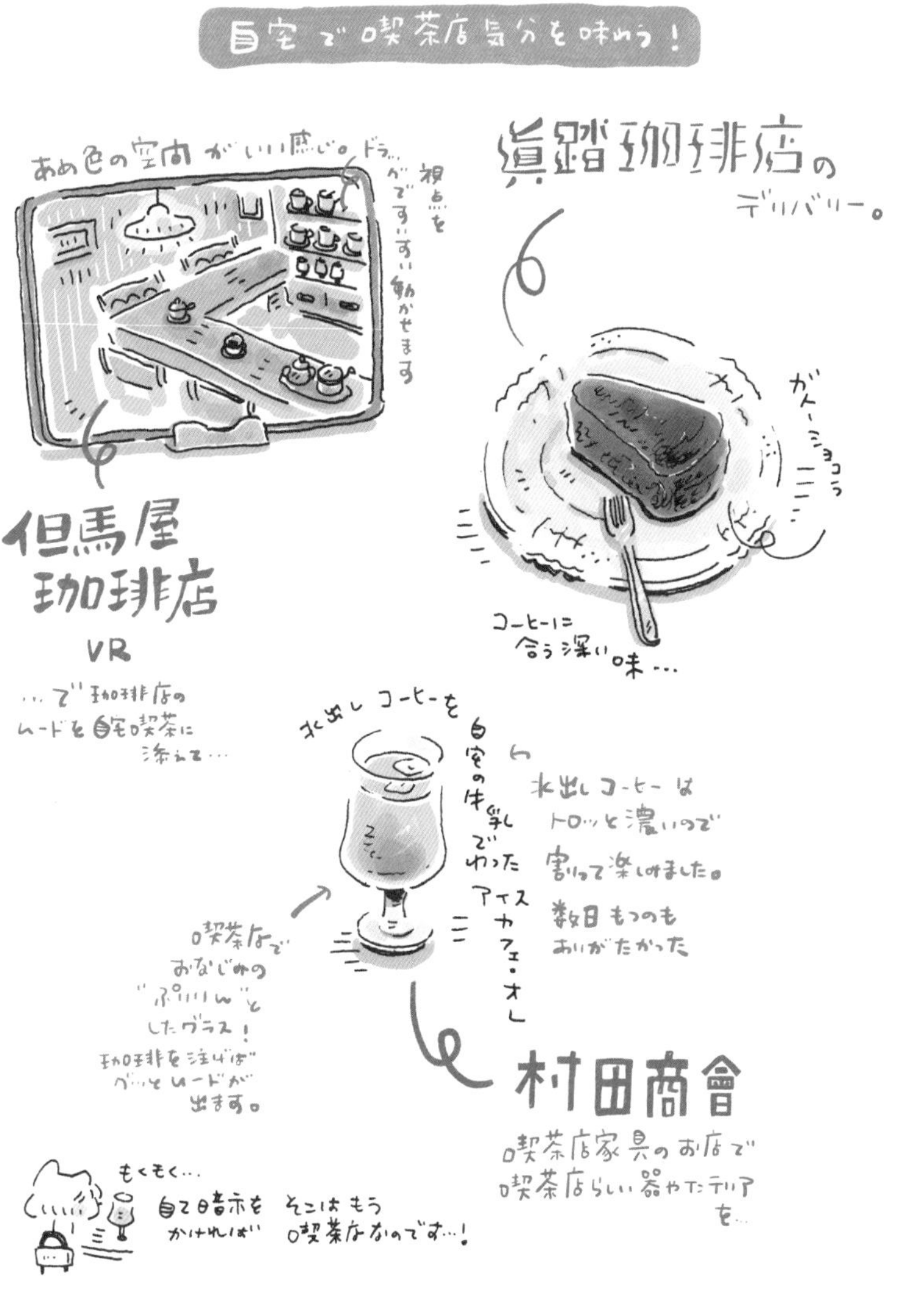

自宅で喫茶店気分を味わう！
あめ色の空間がいい感じ。ドラッグですいすい視点を動かせます
但馬屋珈琲店
VR
…で珈琲店のムードを自宅喫茶に添えて…
眞踏珈琲店のデリバリー。
ガトーショコラ
コーヒーに合う深い味…
水出しコーヒーを自宅の牛乳でわったアイスカフェ・オレ
水出しコーヒーはトロッと濃いので割って楽しめました。数日もつのもありがたかった
喫茶店でおなじみの"ぷりりん"としたグラス！珈琲を注げばグッとムードが出ます。
村田商會
喫茶店家具のお店で喫茶店らしい器やインテリアを…
もくもく…
自己暗示をかければ
そこはもう喫茶店なのです…！

COLUMN

おこもりの日をうるおす小さなイベント

デリバリーを受けるだけの日も
髪がくしゃくしゃでも見れるようになるターバン
少しだけ小ぎれいにしておくとアガルのであった。
おさいふ
デリバリーメニュウをのせるためのお盆
あと、玄関のそうじをしました…

毎日、家から一歩も出ない。「外に出るタイプのインドア」のわたしも、やはり弛緩しすぎてしんどくなってしまいました。そんなとき、ひとつでもイベントを用意すると、一日が一気にあざやかなものになるのです。

喫茶店のデリバリーを頼んだ日。パッとかぶるだけでちゃんとして見えるワンピースに、髪がボサボサでもなんとなくキマって見えるターバンを装着。店員さんからの受け取りの際のやりとりでは、社会性を思い出し、ホッとできました。

ZOOM飲み会……ならぬお茶会をやった日には、近所のお店でいいケーキを買い、デリバリーのコーヒーをカフェオレに。お互いのテーブルの見せ合いっこは、リモートならではの喜びです。

少しばかり不自由でも
しっかりうるおった
"ZOOM
お茶会"。
友人もお盆に
お菓子を用意。
けっこう回線が
ブチブチして
しまうので
手元のスマホ
でもやりとり
おもしろサイト
など教えあったり
キャプチャ送りあったり
わざわざ
お菓子を
見せあいっこ
するの図。
近所で買って
きた
ちょっといいケーキ
デリバリーした
コーヒーでつくった
カフェオレ
発見は…フツーの喫茶って相手とそんなに目を合わせない
と思うのですが、ZOOMって目を合わせようと意識するので
ちょっと不思議でした。
「カフェスペース」(本文参照)
にて…
ZOOM
飲み会はまだ
未経験デス
複数人だと、発言できない
気がして…
リアルでも
そうか…

あとがき

二〇代前半のころ、調子をくずしたことがあった。こんなにも精神が重く、動かなくなるものなのかとおどろいた。そのずっしりとした心を動かしてくれたのは、散歩と喫茶だった。景色が流れると、体が動くと、代謝が上がって汗ばむと、それだけで心も動く。その単純なしくみにおどろいたものだ。

朝、目的地だけぼんやり決めて、まずは歩くために家を抜け出すことにした。

そしてのめりこんでいったのは、たとえば乗り換えをしないで違う路線の街に歩くとか、幹線道路や川沿いにひたすら歩いて遠くの街に向かうとか、五〜一〇キロ程度のちょっとハードめの散歩。

汗だくでたどり着いた先の街の喫茶店で、喉をうるおし、お昼をいただく。まだ仕事としてほとんど世に何も残せていなかったわたしは、孤独なまま饒舌になった心の出力先として、絵のラフをもりもりと描いたり、この先やりたいこと／やるべきことなどを、がつがつとメモ帳に書き出したりしていた。

喫茶店でメモ書きを出力するという行為は、このころからはじめたことだ。

そうしていつのまにか、日常を営むための元気を取り戻し、新しいレールに乗りなおすことができて、今のわたしに向かっていくことができたのだ。


流行り病が落ち着かないこの頃だ。ここしばらく、移動ができないと、心はこんなに動かないものなのか、ということを思い知らされている。閉じこもって体を動かさないことによって、心のほうが停滞するという逆の現象も、またあるのだ。

ちょっとした遠出や、ささやかな一杯のためだけに飲食店を求める気持ちをセーブしていると、他のいろいろな欲求が湧き上がってくること自体を、だんだんとやめてしまうように思う。いつのまにか、モヤがかかったような、蜘蛛の巣が張ってしまったかのような心を抱えている。

このことは、わたしだけではなく、日本中、いや、世界中の人がここ二年間で体験していることで、みんながみんな、同じしくみの心と体を持っているということに、当然と言えば当然なのですが、ほほー、という気持ちになっている。

喫茶店の存在意義が「不要不急」とされたことについて、本文（二〇二〇年の初夏に最初のものを書いた）でも悩んでいると書いたが、あれからいくつか展開がありつつも同じようなことをくりかえし、このあとがきを書いている二〇二一年秋となった。

多くのお店の火が、消えてしまった。

「定位置」としていた場所、ご褒美でときどき行けるねと頼りにしていた場所、視界に入ってくるだけで特定の記憶が湧き上がってくる場所。場所が無くなると、記憶や習慣さえも損なわれてしまうような感覚がある。

胸の中にいくつも穴が空いたようだ。

先日、この本の校正作業で、内容を確認するために、ひさびさ電車に乗り、遠くの喫茶店に行った。

頭のなかでは、覚えている、わかっている気になっていたお店の空間やメニューが、イキイキとみずみずしく、五感を通じて体に入ってくるのを感じ、その鮮烈な体験に、あらためてどっきりした。

店に辿り着くまでの気持ちのはやりと体の疲れ。椅子に腰掛けたときの安堵感と、店員さんやほかの客からもたらされる緊張感。店内の明るさ、眺望、ただようにおい。苦い味、辛い味、甘い味。ここしばらく、頭のなかでなぞっていたのは、記号のようなものだったのだ。

これは喫茶店に対してだけではない感想で、書店に行けば、SNS上で書影を眺めていた新刊たちが、イメージではなく本のかたちをして並んでいる！ と妙に感動してしまった。長いこと、ネット優位で情報に触れていたせいで、いつのまにか、お店も本も人も、「概念」のように思ってしまっていた。自分の体に対してさえ、そうだった。

街に出て、生きた、実体のある情報が次々と体に入ってくる。ああ、外出ってこんなことだったっけ。喫茶店に行くってこんな感覚だったなあ。

感覚が生き返ってくると、家に戻っても、すべての物事に血が通って感じられた。スマホからの情報すら、イキイキとしてくるから不思議だ。あ、この人すてき、この絵かわいい、この服ほしい。現実の欲求が泉のようにあふれだしてくるのだ。

これまで、わたしが喫茶店通いで得ていた、「喫茶の効用」って、こういうことだったのだなあ、とあらためて感じた。やっぱり、喫茶店は外にないと意味がないし、出かけていく場所でないといけないのだ。

そこにあってくれないと困るのだ、と。

掲載喫茶店一覧

雨の日に気分を明るくしたい

［銀座］
Café きょうぶんかん
東京都中央区銀座4－5－1 教文館4F
03－3561－8708
11時～19時／無休／禁煙

［神保町／御茶ノ水］
Cafe HINATA－YA カフェヒナタ屋
東京都千代田区神田小川町3－10 振天堂ビル4F
03－5848－7520
11時半～15時半（15時L.O.）／日曜・祝日休／禁煙

［駒沢大学］
adito アヂト
東京都世田谷区駒沢5－16－1
03－3703－8181
12時～24時（23時半L.O.）／水曜休（祝日の場合は営業）／分煙（月・火曜は全階禁煙）
2021年いっぱい休業

都会の真ん中でも旅気分を味わいたい

［阿佐ヶ谷］
gion ギオン
東京都杉並区阿佐谷北1－3－3 川染ビル1F
03－3338－4381
9時～翌1時半／無休／禁煙

［三軒茶屋］
Majorelle Cafe マジョレル カフェ
東京都世田谷区下馬2－6－14 アンティークギャラリー・マジョレル内
03－5787－6777
11時半～18時／火・水曜休／禁煙

［新馬場］
KAIDO books & coffee カイドウ ブックス アンド コーヒー
東京都品川区北品川2－3－7 丸屋ビル103
03－6433－0906
10時～18時／火曜休／禁煙

とにかく「ひとり」になりたい

［新橋］
COFFEE フジ
東京都港区新橋2－16－1 ニュー新橋ビルB1F
03－3580－8381
10時～19時（土曜日は～18時）
日曜・祝日休／分煙

［日本橋］
TOYO とうよう
東京都中央区日本橋1－2－10 1F
03－3271－0007
10時～21時（土曜日は11時～17時）
日曜、第3土曜休／禁煙

［虎ノ門］
草枕 くさまくら
東京都港区西新橋1－10－1 日美ビル1F
03－3597－1212
10時～20時（19時半L.O.土曜日は12時～18時）
日曜・祝日休／禁煙

朝から気分が上がりません

［清瀬］
コーヒーハウス るぽ
東京都清瀬市中清戸5-2-1
042-491-9020
8時～20時（祝日は～19時）／日曜休／禁煙

［新宿］
BEER&CAFE BERG
ビアアンドカフェ ベルク
東京都新宿区新宿3-38-1 ルミネエスト新宿店B1F
03-3226-1288
7時～23時L.O.／無休／禁煙

［西荻窪］
それいゆ
東京都杉並区西荻南3-15-8
03-3332-3005
10時～20時／無休／禁煙

家に直帰したくない

［表参道］
月光茶房　げっこうさぼう
東京都渋谷区神宮前3-5-2 EFビルB1F
03-3402-7537
不定期営業／月末に翌日の予定をSNSにてお知らせ／禁煙

［三軒茶屋］
MOON FACTORY COFFEE
ムーンファクトリーコーヒー
東京都世田谷区三軒茶屋2-15-3 寺尾ビル2F
03-3487-4192
13時～翌1時／木曜休／禁煙

［銀座］
月光荘サロン 月のはなれ
げっこうそうサロン つきのはなれ
東京都中央区銀座8-7-18 月光荘ビル5階
03-6228-5189
14時～23時半（22時半L.O.）、日祝は～21時（20時L.O.）／不定休／喫煙可

一瞬のカフェタイムでもくつろぎたい

［青山一丁目］
connel coffee　コーネル コーヒー
東京都港区赤坂7-2-21 草月会館2F
03-6434-0192
9時～18時（土曜、祝日は10時～17時）／日曜休／禁煙

［宮の坂］
chouette torréfacteur laboratoire
シュエット・トレファクチュール・ラボラトワール
東京都世田谷区宮坂1-39-11
03-6413-9450
12時～18時半（土・日曜、祝日は7時半～18時半）／火曜休／禁煙

［吉祥寺］
LIGHT UP COFFEE吉祥寺店
ライトアップコーヒー きちじょうじてん
東京都武蔵野市吉祥寺本町4-13-15
0422-27-2094
11時～19時／無休／禁煙

悩みごとをちっぽけにしたい

［京橋］
ティファニー 閉店

［新宿三丁目］
名曲・珈琲 新宿 らんぶる
東京都新宿区新宿3-31-3
03-3352-3361
9時半〜18時／無休／禁煙

［中野］
ヨシノ洋品店
ヨシノようひんてん
東京都中野区中野5-61-7
ユニットビル4階
03-3387-1378
11時〜19時／火曜休／禁煙

落ち着いて打合せをしたい

［神保町］
サロンド冨山房 Folio 閉店

［神田］
クリスティ
東京都千代田区神田多町2-2
03-3258-3800
8時半〜21時
土・日曜、祝日休／禁煙

［千駄ヶ谷／国立競技場］
ふみくら
東京都渋谷区千駄ヶ谷2-32-2
03-3478-3251
10時〜18時半L.O.
土・日曜、祝日休／禁煙

どっぷりと喫茶に浸かって、スッキリしたい

［高円寺］
アール座読書館
アールざどくしょかん
東京都杉並区高円寺南3-57-6　2F
03-3312-7941
13時半〜22時半
（土・日曜、祝日は12時〜22時半）
月曜休（祝日の場合は翌日休）／禁煙

［井の頭公園］
トムネコ
東京都三鷹市井の頭3-32-16
セブンスターマンション102
11時〜19時（18時半L.O. 土・日曜、祝日は9時〜）
火曜休／禁煙

［初台］
fuzkue 初台 フヅクエ
東京都渋谷区初台1-38-10 二名ビル2F
なし（予約はfuzkue.comから）
12時〜24時、不定休／禁煙

日々の「拠り所」がほしい

［都立大学］
Dun Aroma ダンアロマ
東京都目黒区平町1-22-12
03-3718-4434
12時～18時、20時～24時／月曜休／禁煙

［神保町］
Kanda Coffee カンダコーヒー
東京都千代田区神田神保町2丁目38-10
多幸ビル1F
03-5213-4337
7時～17時（土・日曜、祝日は12時～）
不定休／禁煙

［代々木公園］
ROSTRO ロストロ
東京都渋谷区富ヶ谷1-14-20
サウスピア1F
03-5452-1450
8時～21時（火曜は～17時半）
不定休／禁煙

自分を大切にする時間をつくりたい

［西国分寺］
クルミドコーヒー
東京都国分寺市泉町3-37-34
マージュ西国分寺1F
042-401-0321
11時～21時（20時半L.O.）
木曜休／禁煙

［経堂］
ホットケーキつるばみ舎
東京都世田谷区宮坂3-9-4
03-6413-1487
11時～18時（17時半L.O.）
水曜、第2・4火曜休／禁煙

［神保町］
ブックハウスカフェ
東京都千代田区神田神保町2-5
北沢ビル1F
03-6261-6177
11時～18時、20時半～23時
不定休／禁煙

巣ごもり期間も心を動かしたい

［神保町］
眞踏珈琲店 まふみコーヒーてん
東京都千代田区神田小川町3-1-7
03-6873-9351
12時～23時（日曜・祝日は12時～21時）
無休／禁煙

［新宿］
但馬屋珈琲店 たじまやコーヒーてん
東京都新宿区西新宿1-2-6
03-3342-0881
10時～23時（22時半L.O.）／1月1日休
分煙（1階禁煙、2階喫煙可）

［西荻窪］
村田商會 むらたしょうかい
東京都杉並区西荻北3-22-17
12時～19時／月・火曜休／禁煙

＊営業時間は短縮営業等の可能性もあります。

飯塚めり

IIZUKA MERI

イラストレーター／喫茶店観察家。早稲田大学第一文学部卒。カフェインで酔える喫茶マニア。おばけ好き。著書に『東京喫茶帖』『東京喫茶録』『喫茶チェーン観察帖』（カンゼン）、『カフェイン・ガール』（実業之日本社）。自主制作のZINEに『別冊カフェモンスター』『オ・レ・グラッセをめぐって。』『喫茶魔法使い読本』がある。

喫茶《きっさ》の効用《こうよう》

2021年11月25日　初版

著者

飯塚めり

発行者

株式会社晶文社

〒101－0051 東京都千代田区神田神保町1－11

電話 03－3518－4940（代表）・4942（編集）

URL http://www.shobunsha.co.jp

印刷・製本

中央精版印刷株式会社

ISBN978-4-7949-7285-9 Printed in Japan